Jacky Girardet

Jacques Pécheur

Laure Duranton

Christelle Garnaud

campus

1

Cahier d'exercices

Corrigés

CLE
INTERNATIONAL
www.cle-inter.com

CORRIGÉS

Leçon 1

1. Pinocchio : *il est italien* ; Carmen : *elle est espagnole* ; Sherlock Holmes : *il est anglais.*

2. 1 c. – 2 a. – 3 b.

3. fém. : **a., b.** – masc. : **c., d.**

4. suis – êtes – suis – est.

5. a. vous vous – **b.** tu – **c.** vous – **d.** tu t' – **e.** tu – **f.** vous.

6. elle – vous – je – tu t' – je m' – tu – je – elle.

7. Il s'appelle Tom Cruise, il est comédien, il est américain.
Elle s'appelle Monica Belucci, elle est comédienne, elle est italienne.
Il s'appelle Antonio Banderas, il est comédien, il est espagnol.

Leçon 2

8. Place, avenue, rue – cathédrale, théâtre, musée, château, université.

9. a. Ici, c'est Notre-Dame. **b.** Ici, c'est le théâtre du Châtelet. **c.** Ici, c'est la place de la Concorde.

10. a. Elle n'est pas italienne. – **b.** Tu ne travailles pas. – **c.** Il n'est pas directeur. – **d.** Je ne m'appelle pas Mathieu.

11. Vous êtes... – Non, je suis... – Vous parlez... – je comprends... – elle est... – elle parle... – elle comprend...

12. a., c. Oui, c'est ici. – **b.** Non, ici c'est la place de la Concorde. – **d.** Non, ici c'est le théâtre du Châtelet.

Leçon 3

14. une comédienne – un artiste – une sportive – un directeur – une professeure – un musicien.

15. a. un comédien – **b.** une infirmière – **c.** un musicien – **d.** un conducteur de taxi – **e.** un sportif – **f.** une chanteuse.

16. a. C'est une chanteuse américaine. – **b.** C'est une comédienne italienne. – **c.** C'est un médecin français. – **d.** C'est un sportif brésilien.

17. a. un..., il... – **b.** une..., elle... – **c.** un..., il .... – **d.** un..., il....

18. ... un professeur – ... des étrangers – ... une Brésilienne, un Grec et un Espagnol – ... des garçons, un Mexicain, un Américain et une Chinoise. La Chinoise...

Leçon 4

20. UN dimanche à la campagne – UNE étoile est née – LE cinquième élément/grand restaurant – LA guerre des étoiles/belle américaine – LES oiseaux/comédiens – DES amis comme les miens – L'étudiante/Adieu L'ami/Salut L'artiste.

21. a. une – **b.** une – **c.** un – **d.** un – **e.** un – **f.** le – **g.** la – **h.** la – **i.** l' – **j.** le.

22. a. du – **b.** d' – **c.** de – **d.** du, de l', de – **e.** de – **f.** du.

23. ... le livre de Paul Latour ; ... un livre célèbre ; ... un producteur, ... des étudiants étrangers, un Anglais, une Italienne, un Français et un Espagnol ; les comédiens du film.

24. a. un ; un ; des ; un – **b.** une ; le ; d'une ; une ; la ; du.

25. C'est un film – C'est un titre de CD – C'est le titre d'un roman.

Leçon 5

26. 1 b. – 2 c. – 3 a.

27. Vous : **b., c., d.** – Tu : **a.**

28. a. s'il vous plaît – **b.** après toi – **c.** salut Thomas – **d.** excusez-moi.

29. a. Bonjour monsieur le directeur – **b.** Après vous – **c.** Bonjour monsieur – **d.** Bonsoir.

30. a. un professeur à son élève – **b.** une secrétaire – **c.** un ou une ami(e) d'Inès.

Leçon 6

32. *un verbe conjugué* : parlent – *un verbe à l'infinitif* : lire, regarder écouter, comprendre – *une marque du féminin* : la musique, la peinture – *une marque du pluriel* : les artistes, les œuvres.

33. b. 4 ou 5 – **c.** 5 ou 4 – **d.** 2 ou 1 – **e.** 4 ou 5 – **f.** 3.

34. regarde – regardes – regardez – regarde.
comprend – comprends – comprenez – comprend.
travaille – travailles – travaillez – travaille.
cherche – cherches – cherchez – cherche.
connais – connais – connaissez – connaît.

35. a. des voitures italiennes – **b.** des parfums célèbres – **c.** des tableaux modernes – **d.** des restaurants chinois – **e.** des chanteuses françaises.

36. masc. (c., e., f., i.) – fém. (a., b., d., g., h.).

37. a. Je regarde, je répète – **b.** J'écoute, je parle, je pose une question. – **c.** Je joue.

Leçon 1

2. Rue, boulevard, avenue
Amélie, Dominique, Kevin
Serveuse, ingénieur, informaticien, secrétaire
Française, espagnol, italien, brésilien.

3. a. Est-ce que vous habitez rue Lepic ? –
b. Est-ce que vous êtes informaticienne ? –
c. Est-ce que vous êtes célibataire ? – **d.** Est-ce
que vous parlez italien ? – **e.** Est-ce que vous
avez un numéro de téléphone ?

4. a. Quelle rue habitez-vous ? – **b.** Quel est votre
métier ? – **c.** Quelle est votre nationalité ? –
d. Quelle information cherchez-vous ?

5. a. écoute – **b.** cherche – **c.** avons – **d.** est –
e. habitez.

6. a. je – **b.** il – **c.** vous – **d.** -vous – **e.** il – **f.** tu –
g. tu – Non, je... .

Leçon 2

8. *Lieu* : appartement – maison – jardin – habiter –
rue – quartier.
Situation familiale : marié – mari – célibataire –
enfant.
Instruments : cahier – dictionnaire – grammaire –
stylo – cassette.

9. *Guide* : personne ou livre.
Adresse : lieu d'habitation et habileté.
Billet : billet de banque, de train, ou texte écrit.
Accent : sur un mot (é, ê, è) ; quand on parle (du
Sud, du Nord, de l'Est).

10. a. Non, il n'y a pas de restaurant dans l'hôtel. –
b. Non, il n'y a pas d'assurance avec le voyage. –
c. Non, il n'y a pas de jardin avec la maison. –
d. Non, il n'y a pas de fenêtre dans le bureau.

11. un ; de ; de ; une ; un ; une.

12. a. Vous travaillez – **b.** Vous connaissez –
c. Vous habitez – **d.** Vous savez.

13. a. Tu connais tout – **b.** Elle écoute tout –
c. Il regarde tout – **d.** Elle comprend tout –
e. Il a tout.

Leçon 3

15. *Spectacles* : cinéma, théâtre, danse, musique.
Sport : football, basket, tennis, ski ;
Sorties : musée, promenade, restaurant.

16. a. je déteste – **b.** j'aime bien – **c.** je n'aime pas
du tout – **d.** j'adore – **e.** je n'aime pas du tout –
f. j'aime bien.

17. – Vous aimez regarder la télévision ?
Elle : J'aime bien...
Lui : Je déteste...
– Vous aimez le cinéma ?
Elle : J'aime bien...
Lui : J'aime bien...
– Vous aimez lire ?
Elle : J'aime bien...
Lui : Je déteste...
– Vous aimez les promenades ?
Elle : Je déteste...
Lui : J'aime bien.
– Vous aimez le sport ?
Elle : J'aime bien.
Lui : J'adore.
– Vous aimez apprendre le français ?
Elle : J'adore.
Lui : J'aime bien.

18. a. J'aime bien lire. – **b.** J'aime beaucoup jouer. –
c. Je n'aime pas du tout regarder la télévision. –
d. J'aime bien apprendre le français.

19. ... l'opéra. J'aime aussi la danse. Mais je
déteste les voyages et les promenades.... le basket, ... le tennis et le football.

20. a. Oui, j'aime écouter la radio – **b.** Oui, j'aime
lire des livres – **c.** Oui, j'aime apprendre le français – **d.** Oui, j'aime écouter de la musique.

Leçon 4

22. *Fonctionnaire* : professeur.
Employé : secrétaire, cuisinier, infirmier.
Profession libérale : médecin, architecte, ingénieur, financier, informaticien.
Profession artistique ou médiatique : sculpteur,
journaliste, directeur artistique, présentateur,
comédien.

23. une ingénieure – une infirmière – une professeure – une informaticienne – une policière –
une (femme) médecin – une journaliste – une
femme politique.

24. a. serveur (serveuse) – **b.** médecins, infir-
miers ou infirmières – **c.** professeurs – **d.** journaliste – **e.** secrétaire.

25. a. Je suis professeur, je travaille dans un lycée. –
b. Je suis architecte, je travaille dans un bureau. –
c. Je suis infirmier, je travaille dans un hôpital. –
d. Je suis cuisinier, je travaille dans un restaurant. –
e. Je suis journaliste, je travaille dans un journal.

26. ... connaissez... sais – savez... ne sais pas...
connais... connaissez.

27. a. métier intéressant – **b.** profession difficile –
c. métier difficile – **d.** profession ennuyeuse.

28. devenir... travailler... habiter – rencontrer... être.

Leçon 5

30. de la musique – du cinéma – du deltaplane – de la natation – du tennis – du canoë – du cheval – du vélo – du théâtre – de la danse.

31. la natation – le ski – le voyage – le jeu – le téléphone – l'écriture.

32. a. Je *vais au* cinéma *à* Paris – **b.** *va au* concert. – **c.** *va au* théâtre. – **d.** *va à la* mer. – **e.** *va au* restaurant. – **f.** *va à l'*hôtel.

33. a. Inès va au Mexique. – **b.** Hugo va en Espagne. – **c.** Mathieu va au musée. – **d.** Dominique va à la montagne. – Amélie va à l'opéra.

34. a. Non, je préfère le VTT. – **b.** Il aime beaucoup le théâtre. – **c.** Non, je préfère faire du cheval.

35. a. jouer au tennis – **b.** écouter de la musique – **c.** lire des livres – **d.** aller à l'opéra.

36. a. fais ; fais. – **b.** vas ; va ; préfère aller. – **c.** aimes faire ; vais. – **d.** allez ; adore danser.

Leçon 6

38. a. rue – **b.** hôtel – **c.** restaurant – **d.** métro.

39. a. tennis, natation, canoë – **b.** cinéma, théâtre, musique – **c.** métro, bus, voiture – **d.** cathédrale, château.

40. a. une rue – **b.** le passé – **c.** jeune – **d.** petit – **e.** aimer.

41. sommes ; habitons ; allons ; faisons ; visitons ; adorons.

42. avons – aimons – allons faire – répétons – jouons aussi – préférons.

43. sont – ont ; aiment – font ; répètent ; jouent ; préfèrent.

44. je m'appelle ; j'ai... ; je suis... ; j'habite à... ; j'étudie ; je fais ; je préfère le/la ; je vais ; j'aime bien le/la... ; j'adore ; je déteste... ; j'aime bien.

UNITÉ 3

Leçon 1

1. a. Sonate d'automne – Pas de printemps pour Marnie – Un cœur en hiver.
b. 3 h 10 pour Yuma – Le train de 8 h 47.
c. Paris au mois d'août – Quatorze juillet.
d. Vivement dimanche – Vendredi 13 – Samedi soir, dimanche matin – Mercredi ou la folle journée – Au revoir à lundi.
e. Une semaine de vacances – La bonne année – Un week-end sur deux – Le jour le plus long.
f. Hier, aujourd'hui, demain. – C'est arrivé demain – 37°2 le matin.

2. au – le – en – au – en.

3. a. Tu es (ou vous êtes) à Paris, quand ? – **b.** Elle préfère aller à Lausanne, quand ? – **c.** Tu vas faire du tennis, quand ? – **d.** Les magasins ouvrent et ferment à quelle heure ? – **e.** L'usine ferme quand ?

4. a. Je suis en vacances du 10 au 15 février. – **b.** Non, je préfère aller faire du ski au printemps ; en décembre... . – **c.** pour les fêtes de Noël et du 23 décembre au 2 janvier.

Leçon 2

7. a. douze heures vingt (midi vingt) – seize heures trente (quatre heures et demie) – dix-neuf heures quarante-cinq (huit heures moins le quart) – vingt-deux heures dix (dix heures dix). Neuf heures et quart (quinze) – treize heures trente (une heure et demie) – dix-sept heures cinquante (six heures moins dix) – vingt heures (huit heures). Dix-sept heures quinze (cinq heures et quart) – dix-neuf heures trente (sept heures et demie) – vingt-deux heures quinze (dix heures et quart).
b. Huit heures et quart (quinze) – neuf heures moins le quart (huit heures quarante-cinq) – onze heures et quart (quinze).
c. Quatorze heures trente (deux heures et demie) – seize heures trente (quatre heures et demie).

8. Matin : 9 h 15 – 8 h 15 – 8 h 45 – 11 h 15.
Après-midi : 12 h 20 – 13 h 30 – 14 h 30 – 16 h 30 – 17 h 15 – 17 h 50.
Soir : 19 h 30 – 19 h 45 – 20 h – 22 h 10 – 22 h 15.

9. Je commence à travailler à 9 heures. Je fais une pause à 11 heures. Je déjeune à 1 heure et je sors du travail à 6 heures. Je rentre à la maison à 7 heures. Je vais au spectacle à 8 heures et demie et je me couche à 11 heures.

10. a. Il est midi moins le quart. – **b.** Il est dix heures et demie. – **c.** Il est deux heures et quart. – **d.** Il est une heure et demie.

11. a. Il est midi et demie. Oh ! je suis en retard, je commence à travailler à midi et quart.
b. Il est deux heures moins le quart ; Oh ! je suis en avance, je répète à deux heures.
c. Il est neuf heures. Oh ! je suis en retard, j'ouvre le magasin à huit heures et demie.
d. Il est sept heures. Oh ! je suis en retard, je finis de travailler à 6 heures et demie.

Leçon 3

13. Attends.... Dis donc.... – Tiens... ? Fais attention... !

14. ... chez toi ou chez moi ... avec nous ? ... sans eux.

15. pour – à ; de ; à – de ; pour ; à – de.

16. va – venez – va – vont – viennent.

17. Vrai : **c., d., e., f.** Faux : **a., b., g.**

Leçon 4

19. a. devez – **b.** peut – **c.** dois – **d.** peut – **e.** dois.

20. a. Tu veux être... – **b.** Tu veux faire... – **c.** Tu veux aller... – **d.** Tu veux partir...

21. a. D'accord ! – **b.** excusez-nous. – **c.** C'est possible ? – **d.** Merci... – **e.** D'accord... – **f.** Je voudrais bien...

22. a. C'est impossible... – **b.** D'accord... – **c.** C'est impossible... – **d.** D'accord...

23. a. tu veux ; je veux – **b.** tu veux – **c.** tu veux – **d.** vous voulez.

24. a. Vous pouvez travailler pour moi ? – **b.** Tu peux regarder le film sans moi. – **c.** Vous pouvez venir lundi à dix heures ? – **d.** Vous pouvez revenir mardi de Madrid ?

Leçon 5

27. a. non – **b.** oui – **c.** si – **d.** non – **e.** si – **f.** si.

28. a. Moi non plus. – **b.** Lui aussi. – **c.** Moi aussi. – **d.** Moi aussi. – **e.** Moi non plus – **f.** Moi non plus.

29. a. Julie doit-elle venir ? – **b.** Julie écoute-t-elle aussi de la musique ? – **c.** Patrick, lui aussi, ne fait pas de ski ? – **d.** Julie parle aussi l'espagnol et le portugais ?

30. a. Tu fais quoi ? – **b.** Tu vas en Corse comment ? – **c.** Tu vois la compagnie quand ? – **d.** Tu viens avec qui ?

31. a. Vous allez où ? – **b.** Ils viennent quand ? – **c.** Elle joue comment ? – **d.** Il vient avec qui ? – **e.** Vous désirez quoi ?

Leçon 6

33.

Heure	Spectacles	Lieux
15 h	Je pense à toi	Maison Jean Vilar
17 h	rencontres avec Pierre Arditi	Verger
20 h	Cachots et cachotteries	Fort Saint-André
21 h 30	La Mort de Danton	Lycée Saint-Joseph
22 h	Boris Godounov	Usine Volponi

34. a. Je vais voir le spectacle demain à 11 heures. – **b.** Je vais déjeuner avec lui jeudi. – **c.** Je vais l'appeler cet après-midi à 17 heures. – **d.** Non, nous n'allons pas regarder le match à la télévision. – **e.** Oui, je vais tourner un nouveau film à partir de janvier. – **f.** Oui, je vais traduire son nouveau livre en français.

35. Toi tu écris ; Paul, lui... ; Julie, elle... ; moi, je vais... . – Toi, Patrick, tu viens avec moi.

36. Nous allons partir de Nîmes en autobus à 7 heures ; à neuf heures nous arrivons à Vallon Pont-d'Arc et nous prenons le petit déjeuner ; à dix heures nous faisons la descente de l'Ardèche en canoë ; à une heure nous déjeunons. À trois heures nous allons visiter (nous visitons) Aubenas ; à partir de cinq heures, temps libre. Nous dînons à sept heures et demie et à neuf heures nous allons voir le spectacle avec Jean-Louis et Marie Trintignant, « *Poèmes à Lou* » d'Apollinaire. Nous rentrons à Nîmes à minuit.

UNITÉ 4

Leçon 1

1. Vous prenez... vous tournez... . Vous prenez ensuite la deuxième à gauche. Vous êtes rue de Tocqueville. Vous allez tout droit et vous prenez la première rue à gauche, avenue Victor-Hugo. Vous allez tout droit jusqu'à...

2. a. cette – **b.** ce – **c.** cette – **d.** ce – **e.** ce – **f.** cette – **g.** cet.

3. a. ce ; un – **b.** le ; cet – **c.** un ; ce – **d.** un – **e.** cet ; le – **f.** cette ; la ; une.

4. a. deuxième – **b.** seconde – **c.** troisième – **d.** quatrième – **e.** cinquième – **f.** sixième – **g.** septième – **h.** huitième – **i.** neuvième – **j.** dixième – **k.** dernier.

5. a. Tu connais cette maison ? – **b.** Tu connais ce château ? – **c.** Tu connais cette adresse ? – **d.** Tu connais cet hôtel ? – **e.** Tu connais ces sculptures ?

Leçon 2

7. a. derrière ; à gauche ; à côté de. – **b.** devant ; au bord de ; en face du... .

8. a. l'Ouest – **b.** Nord – **c.** Sud – **d.** l'Est.

9. entre – au milieu – au bord – au nord – entre – au sud – à côté de.

10. a. Il est en face de la télécopie. – **b.** Elle est devant toi ! – **c.** L'appartement à côté de celui de Julie. – **d.** Il est derrière nous.

Leçon 3

12. a. appartement – **b.** campagne – **c.** banlieue – **d.** montagne – **e.** près du centre.

13. a. peu pratique – **b.** vieux – **c.** inconfortable – **d.** bruyant – **e.** sombre.

14. les toilettes et la cuisine. – un rangement – le salon et la salle à manger – la salle à manger – à côté du salon.

15. a. louent – **b.** achetez – **c.** achetons – **d.** tu vends ; nous vendons – **e.** vous habitez ; nous habitons – **f.** Qui loue ; nous louons.

16. grand… neuve… isolée… calme… claires et confortables… pratiques.

Leçon 4

19. 1 **d.** − 2 **c.** − 3 **b.** − 4 **a.** − 5 **e.**

20. a. Oui, c'est son manteau. − **b.** Oui, c'est sa maison. − **c.** Oui, c'est mon dictionnaire. − **d.** Oui, c'est son adresse. − **e.** Oui, c'est ma femme. − **f.** Oui, ce sont leurs affaires.

21. a. votre ; mon − **b.** ton ; mon − **c.** ton ; notre − **d.** leur.

22. a. Oui, ils sont à moi/nous. − **b.** Oui, ils sont à eux/elles. − **c.** Oui, il est à elle. − **d.** Oui, il est à lui/elle. − **e.** Non, il n'est pas à lui/elle. − **f.** Non, ils ne sont pas à moi. − **g.** Non, elles ne sont pas à eux/elles.

23. a. C'est mon livre. − **b.** Oui, c'est son stylo. − **c.** Oui, ce sont nos/mes affaires. − **d.** Oui, c'est mon dictionnaire. − **e.** Oui, c'est sa maison.

Leçon 5

25. a. travailler ; rencontrer un architecte ; voir le directeur.
b. prendre son petit déjeuner ; prendre une douche ; faire des courses ; déjeuner ; se coucher ; dormir ; faire sa toilette.
c. regarder la télévision ; se promener ; faire du sport ; voir une exposition ; dîner avec des amis ; aller au cinéma.

26. 2. petit déjeuner ; **3.** départ en avion pour Barcelone − **4.** déjeuner − **5.** retour de Barcelone − **6.** dîner − **7.** coucher.

27. a. Oui, je me couche tard. − **b.** Oui, ils se reposent l'après-midi. − **c.** Oui, nous nous promenons le week-end. − **d.** Non, nous ne nous rencontrons pas chez elle. − **e.** Oui, je m'appelle Barbara…

28. a. À quelle heure vous couchez-vous ? − **b.** Comment s'appelle-t-il ? − **c.** Avec qui vous promenez-vous ? − **d.** Quand se reposent-ils ? − **e.** Où se rencontrent-elles ?

29. a. Tu veux te reposer ? − **b.** Vous devez nous appeler ? − **c.** Vous allez vous rencontrer ? − **d.** Elle peut s'habiller ?

Leçon 6

31. 2. utiliser son portable − **3.** prendre le sens interdit − **4.** traverser − **5.** fumer − **6.** stationner − **7.** tourner à gauche − **8.** faire du ski.

32. a. Prends ta douche ! − **b.** Habille-toi ! − **c.** Va à l'école ! − **d.** Fais les courses !

33. a. Ne te réveille pas tard ! − **b.** Ne pars pas tôt ! − **c.** Ne suis pas cette route ! − **d.** Ne prends pas cette rue ! − **e.** Ne vois pas ce film ! − Ne t'assieds pas ici !

34. a. Prenez un bon petit déjeuner ! − **b.** Faites du sport ! − **c.** Déjeunez léger ! − **d.** Ne sortez pas le soir ! − **e.** Dormez bien.

Compréhension de l'oral

1. a. Dominique − **b.** l'anglais et l'italien.

2. a. une jeune femme − **b.** la rue Lepois − **c.** à 5 minutes.

3. a. pour Julien − **b.** 1 − **c.** la montre − **d.** un tee-shirt.

4. Situation 1 de loisirs − **Situation 2** Charles de Gaulle − **Situation 3** deux collègues.

Compréhension des écrits

1. a. tous les jours − **b.** On peut appeler ou aller à l'office du tourisme. − **c.** des jeunes.

2. a. aller à l'hôpital, téléphoner au SAMU − **b.** le matin, jusqu'à midi − **c.** consultations.

3.

Événement	Exposition
Date	11 mars
Heure d'ouverture	14 heures
Lieu	Médiathèque
Conférencier	Docteur Benoit

4. a. Marie − **b.** après l'école − **c.** la maman de Marie.

UNITE 5

Leçon 1

1. a. Elle a été élève au Cours Florian de 1994 à 1997. − **b.** Elle a eu son premier rôle dans *La Menace*. − **c.** Son premier métier a été secrétaire. − **d.** Elle a joué le rôle de l'étudiante. − **e.** Elle a eu le César de la meilleure jeune comédienne pour *Un été à Paris*.

2. j'ai fait − j'ai déjeuné − j'ai lu − j'ai vu ; nous avons regardé − Elle a trouvé − j'ai bien aimé.

3. a. Non, je n'ai pas travaillé. − **b.** Non, il n'a pas rencontré les nouveaux commerciaux. − **c.** Non je n'ai pas vu le nouveau film de Luc Besson. − **d.** Non, ils n'ont pas fini la leçon.

4. a. Vous avez entendu le concert ? − **b.** Quand a-t-elle visité le salon ? − **c.** Où avez-vous vu la nouvelle exposition ? − **d.** Comment avez-vous aimé le film ?

Leçon 2

7. a. venir – aller – rentrer – sortir – arriver – descendre.
b. se réveiller – mourir – se passer – naître – rester.

8. Je me suis réveillé – Je me suis habillé et je suis sorti – nous nous sommes promenés – Nous sommes arrivés – Nous sommes rentrés – Je me suis lavé puis je suis allé prendre.

9. a. Où s'est-il promené ? – **b.** Quand t'es-tu couché ? – **c.** Comment se sont passées vos vacances ? – **d.** Quand se sont-ils rencontrés ? – **e.** Où vous êtes-vous connus ?

10. a. Non, je n'ai pas rencontré votre directeur – **b.** Non, il n'a pas écouté le nouveau disque de Manu Chao – **c.** Non, elle n'est pas mariée. – **d.** Non, nous ne nous sommes pas promenés au bord de la mer. – **e.** Non, je n'ai pas appelé l'hôtel.

Leçon 3

12. a. football – basket – danse – piscine – **b.** piano – peinture – lecture – cinéma. **c.** éducation religieuse.

13. a. Je fais du piano. – **b.** Je lis. – **c.** Je vais au cinéma. – **d.** Je vais à la piscine. – **e.** Je vais voir une exposition. – J'apprends ma leçon. – Je regarde une vidéo. – J'écoute un disque.

14. a. Parce qu'il habite à Nancy. – **b.** Parce qu'elle comprend l'espagnol. – **c.** Parce qu'il est fatigué. – **d.** Parce qu'elle travaille beaucoup. – **e.** Parce qu'elle part en voyage.

15. a. Pour déjeuner avec son directeur. – **b.** Pour regarder la télévision – **c.** Pour s'excuser d'être en retard. – **d.** Pour faire la fête. – **e.** Pour montrer un nouveau logiciel.

16. a. Parce qu'ils ont fait leurs études ensemble. – **b.** Pour aller faire un jogging. – **c.** Pour voir 7 à 8 à la télé. – **d.** Pour voir les monuments au lever du jour. – **e.** Parce qu'elle voulait se reposer et écrire des cartes postales.

Leçon 4

18. possible : **a.** ; **d.** ; **e.** – impossible : **b.** ; **c.**

19. a. Non, personne. – **b.** Non, rien. – **c.** Non, rien. – **d.** Non, à personne. – **e.** Non, rien.

20. a. Non, elle n'a rien compris. – **b.** Non, il n'habite avec personne. – **c.** Non, je n'ai rien écrit. – **d.** Non, je n'ai rien loué. – **e.** Non, je n'ai appelé personne.

21. a. C'est sûr… ; impossible – **b.** C'est sûr… – **c.** Peut-être… – **d.** c'est possible – **e.** sûr et certain ; Non, c'est impossible – **f.** Peut-être…

Leçon 5

23. a. un habillement – **b.** un renseignement – **c.** un logement – **d.** un rangement.

24. a. l'habitation – **b.** l'invitation – **c.** la répétition – **d.** l'appellation – **e.** l'adoration – **f.** la location – **g.** la natation – **h.** la préparation.

25. directeur ; diriger – entrepreneur ; entreprise – produire ; production – assureur ; assurer – peintre ; peinture – traducteur ; traduction – chercheur ; chercher – skieur ; ski – nageur ; nager – marcheur ; la marche.

26. b. 5 – **c.** 1 – **d.** 2 – **e.** 3.

27. Nous avons rencontré la famille Dos Santos et nous avons déjeuné avec elle. Puis nous nous sommes promenés à Copacabana ; nous avons pris le téléphérique pour le Pain de sucre et nous sommes montés au Corcovado. Nous avons traversé la baie en bateau. Le soir nous avons invité les Dos Santos au restaurant ; nous sommes rentrés très tard à l'hôtel. Le 30 nous sommes partis pour Buenos-Aires.

Leçon 6

29. a. bureau de tourisme – **b.** agence de voyages – **c.** agence immobilière – **d.** centre de documentation et d'information – **e.** point information – **f.** accueil de l'hôtel.

30. a. adresse électronique – **b.** la souris – **c.** site – **d.** un mél – **e.** le logiciel – **f.** le code d'accès.

31. a. où – **b.** si – **c.** quand – **d.** comment – **e.** pourquoi – **f.** quel.

32. a. Où se trouve la place de la Comédie ? – **b.** Comment s'appelle le nouveau directeur ? – **c.** Quand part votre amie ? – **d.** Quel film vous avez envie d'aller voir ? – **e.** Pourquoi tu es (ou vous êtes) en retard ?

33. a. Je voudrais savoir où se trouve la station de métro « Porte des Lilas ». – **b.** Je voudrais savoir quand tu rentres de vacances. – **c.** Je voudrais savoir comment ça s'est passé à la présentation. – **d.** Je voudrais savoir pourquoi tu n'es pas venu.

UNITE 6

Leçon 1

1. a. parfumerie – **b.** objets d'art – **c.** papeterie – **d.** disques – **e.** vidéo – **f.** jouets – **g.** multimédia – **h.** bijouterie – **i.** bijouterie – **j.** vêtements.

2. a. bizarre, important, nouveau, grand public, original, amusant.
b. bizarre, nouveau, original, différent.
c. bizarre, ancien, moderne, original, différent, amusant.

d. confortable, original, amusant.
e. beau, différent, joli.
f. bizarre, nouveau, grand public, original, différent.
g. beau, ancien, moderne, original, différent, amusant.

3. Bienvenue − Introduire la carte − Faire son code − Choisir le montant − Patienter − Retirer la carte − Ne pas oublier les billets − Merci de votre visite.

4. a. la même ; le même − **b.** le même − **c.** les mêmes − **d.** différents − **e.** la même ; différentes − **f.** différents.

5. a. très ; trop − **b.** très ; trop ; pas assez − **c.** très ; trop − **d.** très ; pas assez − **e.** trop.

6. a. une autre, la même, différente.
b. une autre, la même, différente.
c. d'autres, les mêmes, différents.
d. un autre, le même, différent.

Leçon 2

8. a. le titre d'un film − **b.** une phrase de poème − **c.** un parti politique − **d.** le titre d'un journal gauchiste − **e.** un groupe de rock.

9. a. honnête − **b.** optimiste − **c.** romantique − **d.** dépressif − **e.** jaloux.

10. a. alourdir − **b.** élargir − **c.** peser − **d.** agrandir − **e.** grossir − **f.** mesurer − **g.** coûter.

11. b. 2 − **c.** 5 − **d.** 3 − **e.** 1 − **f.** 4.

12. a. Quel est le pois de ce sac ? − **b.** Quelle est la longueur de la piscine ? − **c.** Quelle est sa profondeur ? − **d.** Quelles sont les mesures de cette bibliothèque ? − **e.** Comment est ce restaurant ?

13. a. Le silence n'a pas de prix. − **b.** Je n'ai pas bougé. − **c.** Je suis très optimiste. − **d.** J'espère avoir de la chance. − **e.** J'ai une très bonne santé. − **f.** J'ai très bien dormi.

Leçon 3

14. 1. un foulard, un collier, un bracelet, une montre, une ceinture.
2. une robe, un pull et un pantalon, un manteau, une jupe et un chemisier, une veste et un pantalon.
3. des bottes, un costume, une cravate, un blouson, un pull, un polo, des chaussures.

15. b. un T-shirt et un pantalon − **c.** une robe − **d.** une veste, un pantalon et un chemisier ou une robe et une veste.

16. changer − j'achète − je m'habille − mettre − je me change − je porte.

17. a. Vieilles ; belles ; grandes ; bizarres ; originales ; **b.** bonnes ; curieux ; petites ; amusantes ; nouvelles ; jolies.

18. a. des jupes courtes, de belles chaussures, un pull noir, un grand manteau, un collier original. − **b.** un pantalon étroit, une nouvelle cravate, une vieille veste, une montre amusante.

19. très ; très ; très ; trop ; trop − très ; très ; trop.

Leçon 4

21 a. du thé, de la bière, du vin, du café, du coca, des gâteaux, de la viande, du pain, des fruits, des pâtes, du lait, des glaces, du poisson, des légumes, du Perrier, de l'eau minérale.
b. un thé, une bière, un café, un coca, un verre de vin, un Perrier, un verre de lait, une bouteille d'eau minérale.
c. une viande, un poisson, un gâteau, une glace, des fruits, un légume.

22. a. thé, bière, café, eau, lait.
b. viande, poisson, riz, pâtes.
c. ananas, tarte, glace, fruits.

24. a. déjeune ; dîne − **b.** buvez ; buvons − **c.** prends ; bois ou prends − **d.** avez choisi ou vous prenez − **e.** j'ai faim ; avoir ou prendre − **f.** tu as soif ; veux − **g.** aimes ; est − **h.** préférez.

25. a. du ; le − **b.** un ; une − **c.** les ; la − **d.** une − **e.** des ; du − **f.** le.

26. a. un peu de − **b.** beaucoup de ; beaucoup ; pas de − **c.** un peu de ; un peu de − **d.** beaucoup de − **e.** beaucoup de ; quelques ; quelques ; pas de.

Leçon 5

28. a. : crudités ; jambon ; soupe.
b. côtelettes de porc ; thon à la tomate ; pâtes ; choucroute ; omelette ; côtelettes d'agneau ; champignons ; rôti de bœuf ; frites ; petits pois.
c. poire ; gâteau au chocolat ; yaourt ; biscuits ; tarte aux pommes ; raisin ; banane.

29. *Nord* : frites ; côtelettes de porc ; rôti de bœuf ; choucroute ; tarte aux pommes ; soupe ; biscuits.
Sud : poisson ; poire ; crudités ; thon à la tomate ; pâtes ; yaourt ; côtelettes d'agneau ; raisin ; champignon ; petits pois.

30. a. yaourt − **b.** omelette − **c.** pomme de terre − **d.** jus d'orange − **e.** soupe.

31. *Cuit* : soupe ; haricots verts ; rôti de bœuf ; œufs ; maïs ; gâteau.
Cru : salade ; raisin ; fraises.
Cru ou cuit : poisson ; champignons ; thon ; tomates ; pomme.

32. *Sucré* : pomme ; tarte à l'ananas ; gâteau à la chantilly ; glace.
Salé : thon ; soupe de légumes ; tomates ; poulet ; pizza ; côtelettes d'agneau.
Sucré ou salé : porc ; biscuit.

33. a. Combinez plaisir et équilibre. – **b.** Mangez de tout. – **c.** Prenez le temps de faire un vrai repas. – **d.** Faites du sport.

Leçon 6

35. fête de la musique ; fête populaire ; rue ; juin
Théâtre de rue ; Sud (Avignon) ; été
Pèlerinage ; religieux ; ethnique ; Bretagne ; été

36. 1. Bon anniversaire ! – **2.** On a gagné ! – **3.** Joyeux Noël ! – **4.** À ta santé ! – **5.** Bonne année ! – **6.** Joyeuses Pâques !

37. a. On joue toujours la pièce ? – **b.** Elle habite toujours à Paris ? – **c.** Vous travaillez toujours dans la société de production ? – **d.** Vous partez toujours en voyage pour le travail ? – **e.** Vous faites toujours du sport ?

38. a. Non, elle ne va plus à la campagne. – **b.** Non, il ne vend plus de logiciels. – **c.** Non, elle ne fait plus d'études. – **d.** Non, je n'aime plus faire la fête. – **e.** Non, je n'ai plus de temps pour voyager.

UNITE 7

Leçon 1

1. Tu : **a.** ; **b.** ; **e.** ; **f.** Vous : **c.** ; **d.**

2. a. vous – **b.** t' – **c.** t' – **d.** allez-vous – **e.** les deux sont possibles !

3. a. les – **b.** la – **c.** le – **d.** l' – **e.** l' ; le – **f.** la.

4. a. Tu me présentes ? – **b.** Tu la connais ? – **c.** Tu les vends ? ou Vous les vendez ? – **d.** Vous l'appelez demain ? – **e.** Elle vous aime beaucoup ? – **f.** Tu les veux ?

5. a. Non, je ne le vois pas seul. – **b.** Non, elle ne m'invite pas le dimanche. – **c.** Non, il ne la cherche plus. – **d.** Oui, elle m'a parlé. – **e.** Non, je ne t'ai pas appelé.

Leçon 2

7. b. 4 – **c.** 6 – **d.** 1 – **e.** 2 – **f.** 5.

8. 1. Excusez-moi, je suis désolé – **2.** Je vous remercie beaucoup. **3.** M. X, je vous présente Mme Y.

9. a. nous – **b.** lui – **c.** lui – **d.** leur – **e.** lui – **f.** leur.

10. a. Tu leur parles ? – **b.** Elle vous achète les tapis ? – **c.** Nous leur offrons quoi ? – **d.** Vous me rendez le journal quand ? – **e.** Il vous répond souvent ?

11. a. Oui, je lui ai téléphoné – **b.** Non, je ne lui ai pas demandé – **c.** Oui, elle m'a répondu – **d.** Non, je ne lui ai pas écrit – **e.** Non, ils ne lui ont pas traduit.

Leçon 3

13. a. égoïste – **b.** changeant – **c.** impatient – **d.** optimiste – **e.** fermé – **f.** démodé – **g.** petit – **h.** : vieux – **i.** bruyant – **j.** mince.

14. a. rond, longs, de grands yeux, large, gros. **b.** long, courts, petits, petite, étroit. **c.** carré, courts, fatigués, arrondie, fin.

15. a. artiste – **b.** intelligente – **c.** généreux – **d.** pessimiste – **e.** grosse – **f.** mince – **g.** travailleuse – **h.** bruyant – **i.** vieux – **j.** fière – **k.** démodé.

16. est ; a ; sont ; est ; a ; a – sont – a ; est – est ; a.

17. Moi, je mange beaucoup. – Moi, je ne bois jamais d'eau. – Moi, je ne fais pas de sport. – Moi, j'aime beaucoup aller au cinéma. – Moi, je pars toujours en retard.

Leçon 4

19. a. 5 – **b.** 2 – **c.** 4 – **d.** 1 – **e.** 3 – **f.** 6

20. a. Mettez une veste et un pantalon. – **b.** N'oubliez pas vos chaussures et vos skis. – **c.** Regardez à droite et à gauche. – **d.** Achetez le journal et lisez les petites annonces. – **e.** Allez à l'office de tourisme.

21. a. Envoyez-le. – **b.** Téléphonez-lui. – **c.** Demandez-leur. – **d.** Racontez-lui.

22. a. Non, ne venez pas ! – **b.** Non, ne lui annoncez pas ! – **c.** Non, ne leur offrez pas ! – **d.** Non, ne le traduisez pas ! – **e.** Non, ne les déguisez pas.

23. a. Oui, je crois qu'il écrit bien. – **b.** Oui, je crois qu'elle fait bien la cuisine. – **c.** Oui, je crois qu'il travaille bien. – **d.** Si, je crois qu'il est un peu bizarre. – **e.** Si, je crois qu'il vous aime.

Leçon 5

25. a. amical – **b.** familier – **c.** professionnel – **d.** familial.

26. a. 3 – **b.** 4 – **c.** 2 – **d.** 1 – **e.** 5.

27. a. amical – **b.** complice – **c.** hiérarchique – **d.** proche.

28. a. inviter – **b.** conseiller – **c.** informer – **d.** remercier – **e.** s'excuser – **f.** décrire.

29. a. Formidable ta soirée. – **b.** Nos bureaux sont ouverts... – **c.** Essayez de venir passer une semaine de vacances à la maison. – **d.** Désolé mais il m'est impossible d'accepter votre invitation. – **e.** Vous devez vous adresser... – **f.** Ah ! La Réunion... magnifique...

Leçon 6

31. a. Certainement pas. – **b.** Je n'en ai pas très envie. – **c.** J'accepte. – **d.** On s'est un peu ennuyés. – **e.** Non, je ne peux pas.

32. a. fermer − **b.** faire une chute − **c.** se dépla-cer − **d.** de monnaie − **e.** saveur − **f.** direction.

33. a. Ayez la volonté de réussir. − **b.** Ayons le désir de continuer − **c.** Aie l'envie de sortir. − **d.** Ayez le pouvoir de dire non. − **e.** Ayons le cou-rage de chercher.

34. a. Sois travailleur. − **b.** Soyez généreux. − **c.** Sois indépendant. − **d.** Soyons patients. − **e.** Soyez curieux.

UNITE 8

Leçon 1

1. a. autrefois − **b.** il y a trente ans − **c.** en ce temps-là − **d.** quand − **e.** de mon temps.

2. a. un souvenir − **b.** un fait divers − **c.** un rêve − **d.** un récit au passé.

3. a. nous jouions − **b.** vous faisiez − **c.** nous vivions − **d.** tu voyageais − **e.** ils prenaient.

4. a. j'avais ; je caressais ; jouais − **b.** avait − **c.** je t'aimais ; tu m'aimais − **d.** était ; marchait ; avait.

5. connaissait ; l'aimait ; voulait ; savait ; pouvait ; invitait ; devenaient.

Leçon 2

7. a. Il se rappelle − **b.** Nous nous souvenons − **c.** Elle se rappelle − **d.** Ils se souviennent.

8. a. Il a fait son apprentissage au centre de for-mation de Cannes − **b.** Il a rencontré Véronique − **c.** Il est parti pour jouer − **d.** Il a gagné la Coupe du Monde − **e.** Il est élu.

9. De 1982 à 1990 il a été élève au lycée Victor Hugo ; en 1990 il a réussi son baccalauréat ; il a obtenu sa licence en droit en 1993. En 1994 il a suivi un séminaire de sciences politiques aux États-Unis. En 1995-1996 il a fait un stage dans un cabinet de conseil à Londres et en 1997 il est devenu conseiller en droit des affaires dans un cabinet allemand.

10. est morte − vivait ; s'appelait − a écrit − aimait ; adorait − a été.

11. a. elle n'est pas partie − **b.** il n'a pas bu − **c.** il ne lui a pas offert − **d.** tu n'as pas répondu − **e.** je n'ai pas pu venir.

12. a. je vivais − je travaillais − je connaissais − je parlais − je les invitais − ils venaient.
b. j'ai rencontré ; c'était − il était ; il finissait − nous avons parlé.
c. nous sommes allés ; nous avons découvert − ça a été.

Leçon 3

14.

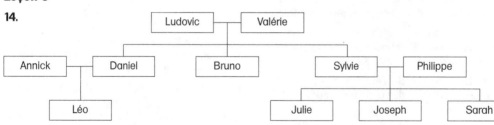

15. a. malheureuse − **b.** attentif − **c.** généreux − **d.** facile − **e.** uni − **f.** antipathique.

16. elle s'est lavée ; elle s'est habillée ; elle s'est maquillée ; elle s'est dépêchée − Elle s'est arrê-tée ; elle s'est achetée − elle s'est présentée ; elle s'est excusée.

17. a. Ils se sont rencontrés quand ? Ils se sont rencontrés... − **b.** Ils se sont mariés quand ? Ils se sont mariés... − **c.** Vous vous êtes retrouvés où ? Nous nous sommes retrouvés... − **d.** Vous vous êtes expliqués tous les trois ? Oui, nous nous sommes expliqués... − **e.** Ils se sont sépa-rés quand ? Ils se sont séparés... .

18. a. Elles ne se sont pas rencontrées. − **b.** Non, ils ne se sont pas vus. − **c.** Non, je ne me suis pas regardée. − **d.** Non, nous ne nous sommes

pas téléphonés. − **e.** Non, ils ne se sont pas écrits. − **f.** Non, nous ne nous sommes pas reconnus.

Leçon 4

20. a. pendant trois ans − **b.** Ça fait une semaine que je ne dors plus. − **c.** pendant trois mois − **d.** Il y a trois ans... − **e.** Depuis trois mois.

21. a. Je t'attends depuis une heure − **b.** Ça fait un mois − **c.** Depuis quelque temps − **d.** Il y a trois semaines − **e.** Depuis quinze jours.

22. Il y a − Depuis − Il y a − Depuis − Il y a.

23. a. Depuis quand est-elle partie ? − **b.** Depuis quand ne l'avez-vous pas vu ? − **c.** Depuis quand est-elle recherchée ? − **d.** Depuis quand es-tu arrivée ? − **e.** Depuis quand vous êtes-vous rencontrés ?

24. a. Ça fait deux ans. ; **b.** Depuis dix ans. ; **c.** Il y a trois ans. ; **d.** Depuis le 15 avril.

Leçon 5

27. a. ont commencé à – **b.** il continue à – **c.** Il a commencé à – **d.** il a commencé à – **e.** continue à.

28. a. Tous les ans – **b.** Deux fois par semaine – **c.** toujours – **d.** souvent ; rarement – **e.** jamais.

29. a. Vous vous téléphonez souvent ? – **b.** Vous allez souvent au ski ? – **c.** Quand avez-vous commencé à travailler ? – **d.** Vous lui téléphonez toujours ? – **e.** Vous travaillez toujours ?

30. a. Il ne restait jamais à la maison ; un jour, il a trouvé un nouvel appartement ; il n'a plus voulu sortir.
b. Il n'écoutait jamais de musique ; un jour, il est allé à l'opéra ; il a connu tous les chanteurs et toutes les chanteuses d'opéra.
c. Il ne savait pas quoi faire ; un jour, il a rencontré un journaliste, il est devenu photographe de presse.
d. Il ne savait pas où aller ; un jour, il a lu un roman sur l'Inde, il est parti travailler pour Médecins sans Frontières.
e. Elle faisait du shopping ; un jour, elle a été remarquée par un directeur de production, elle est devenue animatrice de télévision.

Leçon 6

33. a. héroïne nationale – **b.** révolutionnaire – **c.** scientifique – **d.** écrivain – **e.** femme politique.

34. a. Révolution française – **b.** guerres de religion – **c.** années 1930 en Algérie – **d.** Napoléon – **e.** empire colonial – **f.** XVIIIᵉ siècle.

35. a. Les mariés de l'An II – **b.** Austerlitz – **c.** Jules et Jim – **d.** La grande vadrouille – **e.** Indochine.

Entraînement au DELF A1

Compréhension de l'oral

1. a. dans le sud de la France – **b.** 1 300 000 – **c.** Marseille est une grande ville.

2. a. en Espagne, dans un village, dans une maison – **b.** le catalan l'espagnol et le français.

3. a. un anniversaire – **b.** Caroline et Samia – **c.** décontracté – **d.** Samia : un chemisier blanc, un jean et un collier africain/Caroline : une jupe noire, des bottes et un tee-shirt rouge.

4. a. un cocktail – **b.** du jus d'ananas et du sirop d'orgeat – **c.** pas mauvaise – **d.** Caroline.

Compréhension des écrits

1. a. 2 personnes – **b.** Aix les Bains – **c.** le 5 février à 9 h 50 – **d.** en 2ᵉ classe – **e.** non fumeur.

2. a. le Chardon – **b.** trois – **c.** le vendredi à 21 h – **d.** Gabrielle – **e.** trois fois.

3. a. vrai – **b.** mercredi soir – **c.** à 16 heures.

4. a. faux – **b.** vrai – **c.** faux – **d.** faux.

UNITE 9

Leçon 1

1. Régional : **a.**, **b.**, **c.**, **e.**, **h.**, **i.** – National : **f.**, **g.** – International : **d.**

2. Vrai : **a.**, **b.**, **c.**, **d.** – Faux **e.** = deux fois par semaine – **f.** = deux fois par mois.

3. Éditer ; éditeur – Rédaction ; rédacteur – Fabriquer ; fabricant – Vente ; vendeur – Photographier ; photographie – Lecture ; lecteur.

4. a. rubrique – **b.** acheter – **c.** parution – **d.** exemplaires.

5. a. Qui recrute les collaborateurs ? – **b.** Que fabrique l'usine ? – **c.** Que crée le bureau d'études ? – **d.** Où sont vendus les produits ? – **e.** Qui s'occupent des clients ?

Leçon 2

7. a. soldes magasins – **b.** agence de l'emploi – **c.** cinéma – **d.** agence de voyage – **e.** bureau d'association de lutte contre le HIV.

8. b. je n'en ai pas – **c.** j'en ai – **d.** je n'en ai a pas – **e.** il n'y en a pas – **f.** j'en ai – **g.** je n'en ai pas.
h. il n'y en a pas – **i.** il y en a un – **j.** il n'y en a pas – **k.** il y en a – **l.** il y en a un – **m.** il n'y en a pas – **n.** il y en a un.

9. a. Oui, achetez-en. – **b.** Non, n'en mettez pas. – **c.** Oui, faites-en une. – **d.** Non, ne vous en allez pas (non, ne partez pas).

10. a. Oui, je le connais bien. – **b.** Oui, je l'ai rencontrée. – **c.** Oui, j'en ai déjà écrit un. – **d.** Non, je ne le prends pas.

Leçon 3

12. 1. titre de film – **2.** publicité pour un parti politique – **3.** publicité pour une voyante – **4.** bulletin météo – **5.** petites annonces.

13. futur – demain – avenir – prévisions – devenir.

14. a. viendra – **b.** prendra – **c.** parlerons – **d.** ferez – **e.** pourra – **f.** serai – **g.** aurons.

15. a. De quoi est-ce que tu auras besoin ? – **b.** Vous en reprendrez un peu ? – **c.** Est-ce que vous pensez qu'elle me prêtera un peu d'argent ? – **d.** À quelle heure est-ce que tu te lèveras ? – **e.** Qu'est-ce que vous choisirez comme programme pour le voyage ?

16. a. Tu ne travailleras plus – **b.** Nous voyagerons – **c.** Nous vivrons – **d.** Tu t'offriras – **e.** Nous irons.

17. a. Non, nous ne partirons pas ensemble. – **b.** Non, je ne lui téléphonerai pas. – **c.** Non, je pense qu'elle ne le reconnaîtra pas. – **d.** Non, je ne les suivrai pas. – **e.** Non, ils ne s'y installeront pas.

Leçon 4

19. a. administration – personnel – commercial – gestion – publicité.
b. ingénieur – directeur – secrétaires – informaticien – partenaires – concurrents – réseau de vente.
c. réunions – projets – études – salons – produits.

20. gère ; commercialise ; communique ; dirige ; vend ; cherchent ; participent.

21. D'abord ; puis ; ensuite – Tout à coup ; alors.

22. a. Non, je n'ai pas encore fini mon article. – **b.** Non, j'en ai déjà pris. – **c.** Non, je ne l'ai pas encore écouté. – **d.** Non, je ne l'ai pas encore lu. – **e.** Oui, je l'ai déjà entendu.

23. a. Qu'est-ce que tu mettras ? – **b.** Comment l'appellera-t-on ? – **c.** Qu'est-ce que tu choisiras ? – **d.** Quand traduira-t-elle le nouveau contrat ? – **e.** Qui inviteras-tu ?

Leçon 5

25. 26. a. donner son adresse électronique – **b.** envoyer un mél – **c.** travailler avec un logiciel gratuit ou libre d'accès – **d.** aller sur son site favori – **e.** sauvegarder un fichier – **f.** faire le code d'accès – **g.** se connecter au réseau – **h.** éteindre/allumer l'ordinateur.

27. a. Il répète qu'il n'est pas encore arrivé. – **b.** Il affirme que c'est son cousin. – **c.** Il nie qu'il a volé le fichier. – **d.** Elle répond qu'elle n'en reprendra pas. – **e.** Il dit qu'il remercie et qu'il s'en va.

28. a. Antoine demande qui vient rencontrer le directeur de Doucet Multimédia avec lui. – **b.** Maxime demande où aura lieu la représentation. – **c.** Anaïs dit qu'elle ne pourra pas venir, qu'elle a déjà un rendez-vous. – **d.** Maxime demande ce qu'on va lui présenter.

29. Le journaliste voudrait savoir comment le président pense agir sur le cadre de vie ; le président lui répond qu'il veut avoir une politique du logement dynamique, qu'il fera attention à l'envi-ronnement et à la sécurité. Un autre journaliste fait remarquer qu'il l'a déjà promis ; le président lui demande où il l'a déjà entendu ; le journaliste lui répond qu'il l'a déjà dit quand il était en voyage à Marseille. Le président lui répond qu'à cette époque il n'avait pas les moyens de faire la politique qu'il souhaitait. Le journaliste lui demande si maintenant il les a ; le président lui répond que maintenant il va les avoir.

Leçon 6

31. b. 3 – **c.** 10 – **d.** 9 – **e.** 5 – **f.** 7 – **g.** 4 – **h.** 1 – **i.** 6 – **j.** 2.

32. a. consultez – **b.** partagez – **c.** prenez – **d.** travaillez – **e.** suivez – **f.** faites attention – **g.** voyez-vous – **h.** parlez-vous – **i.** n'ayez pas honte – **j.** convenez.

32. a. élaborer – **f.** faire – **c.** examiner – **d.** prendre – **e.** partager – **f.** suivre – **g.** présenter.

33. formeront ; permettront ; règlera ; devrez ; règlerez ; resterez.

Leçon 1

1. a. un plat au restaurant – **b.** à la fin d'un spectacle – **c.** à propos d'un film – **d.** à propos d'un voyage – **e.** le choix d'une réponse à une offre d'emploi – **f.** une publicité – **g.** une actrice de cinéma – **h.** le niveau de vie dans un pays.

2. a. plus – **b.** aussi – **c.** beaucoup – **d.** meilleure.

3. a. plus longs en Europe qu'aux États-Unis – **b.** moins importants que l'année dernière – **c.** aussi gentils l'un que l'autre – **d.** moins vite que lui – **e.** mieux.

4. bon ; bien – meilleur ; mieux ; le meilleur.

5. a. plus – **b.** bon – **c.** moins ; moins – **d.** le meilleur.

6. a. bien – **b.** bon – **c.** bien ; bien ; bon – **d.** bien ; bons – **e.** bons.

Leçon 2

8. a. acheter – **b.** malchance – **c.** perdre – **d.** jamais – **e.** timide – **f.** loisirs – **g.** bon marché.

9. a. Laure gagne moins qu'Anaïs. – **b.** Camille dépense beaucoup plus que Romain. – **c.** Patrick sort beaucoup moins que Maria. – **d.** Maria joue moins que Inès. – **e.** Patrick lit beaucoup plus que Romain.

10. a. Parce que je me lève tôt. – **b.** Parce que j'ai peur de l'avion. – **c.** Parce que je préfère la campagne. – **d.** Parce qu'elle part travailler au Mexique. – **e.** Parce que je n'en ai pas envie.

Leçon 3

12. a. Je ne sais pas si je pourrais faire ce que vous voulez.
b. Ne pas diffuser une information ; début d'un article (accroche).
c. Cinéma ; Monsieur ; Numéro. Habitation à loyer modéré (HLM) ; Revenu minimum d'insertion (RMI).
d. essencerie = station service ; cartes vue = cartes postales ; casse-croûte = snack.

13. a. la plus – **b.** la plus ; la plus (ou : la moins) – **c.** plus – **d.** le plus – **e.** le plus – **f.** meilleur.

14. a. C'est la fête la plus importante. – **b.** Ce sont les hommes politiques les plus connus. – **c.** C'est l'élection la plus importante. – **d.** C'est le sport le plus pratiqué. – **e.** C'est le spectacle le plus fréquenté.

15. a. Oui, c'est plus que la région de Londres. – **b.** Il y a plus de visiteurs à Dysneyland qu'à la tour Eiffel. – **c.** Le football est le sport le plus pratiqué. – **d.** La lecture est le loisir le moins pratiqué. – **e.** C'est beaucoup plus que dans les autres pays d'Europe.

Leçon 4

17. b. 2 – **c.** 4 – **d.** 1 – **e.** 5 – **f.** 3.

18. a. Oh ! oui volontiers. – **b.** Je préfère avancer. – **c.** Non, j'ai froid. – **d.** Pas plus tard, je voudrais partir tôt. – **e.** Au resto, oui, mais quel resto ?

19. a. apporter – **b.** je t'emmène ; tu m'amènes – **c.** apporte – **d.** on emporte – **e.** tu m'accompagnes – **f.** je vais chercher.

20. a. tu n'auras plus faim – **b.** nous ferons le projet tout seuls – **c.** je serai très triste – **d.** personne ne te croira – **e.** vous recruterez.

21. a. Et si je ne pars pas ? – **b.** Et si je ne t'appelle pas ? – **c.** Et si je ne fais pas attention ? – **d.** Et si je ne viens pas en vacances avec toi ? – **e.** Et si je ne veux pas cette voiture ?

Leçon 5

23. *Relief :* colline, montagne, sommet, plaine, vallée, plage.
Eau : lac, rivière, fleuve, cascade, mer, océan.
Végétaux : fleurs, forêt, arbres.

24. *Beau temps :* il fait chaud ; il y a du soleil ; il fait doux ; il fait bon ; les températures sont douces ; il fait beau ; j'ai chaud.
Mauvais temps : il fait du vent ; il pleut ; il gèle ; j'ai froid ; nuageux ; les températures sont fraîches ; il y a un orage ; il neige.

25. a. gel – **b.** soleil – **c.** le vent souffle.

26. a. Il a fait beau ; nous avons eu – **b.** fera-t-il – annonce – **c.** Il fait ; il y a – **d.** il a fait ; il a beaucoup neigé.

27. a. Parce qu'il aime se promener. – **b.** parce qu'il trouve la nature dangereuse. – **c.** Parce qu'elle adore les Italiens ! – **d.** Parce qu'il s'intéresse aux civilisations anciennes. – **e.** Parce qu'il n'aime pas (déteste) l'hiver en Europe.

28. faisait – était – sentait ; y avait – sommes arrivés ; sommes ; a été – sommes restés – avions – sommes rentrés.

Leçon 6

30. a. Une station de radio – **b.** un téléspectateur – **c.** un présentateur – **d.** la modulation de fréquence (FM) – **e.** changer de chaîne – **f.** regarder.

31. a. reportage – **b.** feuilleton – **c.** présentateur – **d.** spectateur – **e.** écrire.

32. b. 3 – **c.** 2 – **d.** 6 – **e.** 1 – **f.** 7 – **g.** 5.

33. a. Qu'est-ce que tu aimerais voir ? – **b.** Qu'est-ce que tu préfères regarder ? – **c.** Qu'est-ce que tu as envie de regarder ?

34. a. Parce que je n'en veux pas. – **b.** Parce que je n'en ai pas envie. – **c.** Parce que j'adore ça. – **d.** Parce que je ne les regarde pas.

Leçon 1

1. a. la création – **b.** la rupture – **c.** la solution – **d.** l'assassinat – **e.** la participation – **f.** le gain – **g.** la communication – **h.** l'hésitation – **i.** la proposition – **j.** le retour.

2. a. Création de milliers d'emplois. – **b.** Communication difficile entre le gouvernement et les fonctionnaires. – **c.** Victoire magnifique de l'équipe de France de football. – **d.** Hésitations sur le retour au pays. – **e.** (faible, petite) participation (peu nombreuse) à la fête.

3. a. le métier, le travail, le poste, l'activité – **b.** le patron, le directeur, le responsable – **c.** la société, la compagnie – **d.** la difficulté, la complexité de la question.

4. a. Comment refuser la dictature des médias ? – **b.** Comment dialoguer avec les chasseurs ? – **c.** Comment conserver sa beauté ? – **d.** Comment bien manger pour mieux vivre ?

5. Exemple de réduction :

Dix touristes oubliés sur un parking : l'événement a eu lieu ce 30 juin vers 7 heures du soir entre Grenoble et Gap, sur la route Napoléon. Ils admiraient le paysage et ils n'ont pas entendu le chauffeur les appeler ; très mécontent de l'attitude des voyageurs, le chauffeur est parti sans les attendre. Ils ont passé la nuit dehors : personne ne s'est arrêté pour les aider...

Leçon 2

7. a. froidement – **b.** différemment – **c.** rapidement – **d.** rarement – **e.** gentiment – **f.** difficilement – **g.** généreusement – **h.** intelligemment – **i.** parfaitement.

8. a. Tu dois lui parler avec fermeté. – **b.** Je lui ai répondu avec gentillesse. – **c.** Écris-lui avec tendresse des mots doux. – **d.** J'ai trouvé avec difficulté votre rue. – **e.** Il a appris avec rapidité le français.

9. a. Non, nous n'y sommes pas encore allés. – **b.** Non, je n'y serai pas. – **c.** Oui, nous y viendrons. – **d.** Oui, nous y travaillons beaucoup. – **d.** Oui, j'y ai réfléchi.

10. a. Oui, nous en arrivons. – **b.** Oui, nous y allons. – **c.** Oui, nous y habitons. – **d.** Oui, j'en reprendrai un peu. – **e.** Oui nous en avons. – **f.** Non, il n'y sont pas encore.

Leçon 3

12. Cette tête ; les yeux ; la bouche ; le nez – le cou – les jambes ; les mains – un doigt ; les pieds.

13. Je ne me sens ; j'ai très mal ; j'ai – j'ai – avoir – ira mieux – je ne me sentais pas.

14. On va annuler ; on ne recevra pas – on va rencontrer – tu iras mieux – tu ne vas pas pouvoir partir ; tu vas rentrer tranquillement ; tu vas te reposer ; on va reparler.

15. a. Commencez – **b.** Buvez – **c.** Mangez – **d.** Prenez – **e.** Faites – **f.** Choisissez – **g.** Vivez.

16. a. Il faut d'abord faire des efforts soi-même ; les autres en feront ensuite. – **b.** Il faut avoir une vie équilibrée. – **c.** Il ne faut pas prendre de décisions trop rapidement. – **d.** Il ne faut pas faire des efforts inutiles.

Leçon 4

17. a. entrée interdite ; pêche interdite ; stationnement interdit ; baignade interdite ; pourboire interdit.
b. défense d'entrer ; défense de marcher sur les pelouses ; défense de parler au conducteur.
c. prière de ne pas fumer ; prière de ne pas entrer ; prière de ne pas toucher.
d. interdit aux moins de treize ans ; interdit de donner à manger aux animaux ; interdit de fumer ; interdit aux personnes étrangères à l'immeuble.

18. a. Ne skiez pas ! – **b.** Ne téléphonez pas ! – **c.** Ne quittez pas votre poste de travail ! – **d.** Ne parlez pas à voix haute !

19. a. Je vous demande de ne pas quitter votre poste de travail. – **b.** Je vous demande de ne pas toucher aux fruits et aux légumes – **c.** Je t'interdis d'aller au match de football. – **d.** Je vous interdis de passer des coups de téléphone personnels pendant le service. – **e.** Je vous demande de ne pas recevoir un concurrent en rendez-vous.

20 a. Vous pourrez ne pas assister au cours. – **b.** Vous pourrez partir une heure plus tôt. – **c.** Vous pourrez renvoyer la marchandise. – **d.** Vous pourrez recruter un collaborateur de plus. – **e.** Vous pouvez couper 20 lignes.

Leçon 5

22. a. Président ; présider – **b.** gouvernement ; gouverner – **c.** administration ; administrateur – **d.** manifestation ; manifester – **d.** gréviste ; faire grève – **e.** sondage ; sondeur – **f.** représentant ; représenter – **g.** militantisme ; militer.

23. a. le chef du gouvernement – **b.** un membre de la représentation nationale – **c.** un membre du gouvernement – **d.** l'Assemblée nationale – **e.** les enquêtes d'opinion – **f.** le représentant de la France.

24. a. nomme – **b.** choisit – **c.** dirige – **d.** votent – **e.** élisent – **f.** représente – **g.** représente – **h.** paient – **i.** rendent – **j.** défend – **k.** défendent.

25. a. Soutenez notre action. – **b.** Rejoignez-nous pour gagner. – **c.** Donnez-nous votre soutien. – **d.** Votez pour les candidats de notre parti. – **e.** Travaillons ensemble à construire l'avenir de notre pays. – **f.** Unissons-nous pour gagner.

26. a. Nous serons à l'écoute – **b.** Nous défendrons – **c.** Nous interdirons – **d.** Nous détruirons – **e.** Nous diminuerons – **f.** Nous prendrons.

27. a. 1995 – **b.** 0,75 – **c.** 36,50 – **d.** en 1974.

UNITE 12

Leçon 1

1. Je vais au théâtre, à la campagne, au concert, au restaurant, au musée.
Je visite des amis, un monument, une exposition, un petit village.
Je joue au football, au jeu vidéo.
Je fais du VTT, du rugby, de la peinture, du deltaplane, de la natation, du tennis, du piano.

2.

Le Louvre	musée	Paris, métro Palais Royal	tous les jours, sauf mardi et certains jours fériés	pour tous
La Géode	salle de spectacle	La Villette	tous les jours de 10 h 30 à 21 h 30	pour tous
Les gorges de l'Ardèche	site touristique	Ardèche	toute l'année	sportifs
Le Pont-du-Gard	monument	Gard	toute l'année	tourisme culturel
Le palais de l'Europe	bâtiment public	Strasbourg		Européen convaincu

3. a. J'ai écouté le dernier disque de Manu Chao qui m'a beaucoup plus. **b.** J'ai vu *Nikita* de Luc besson que je voulais voir depuis longtemps. **c.** Le Centre Pompidou est un endroit très agréable où j'aime aller souvent. **d.** La municipalité a détruit un vieux quartier de notre ville que j'aimais montrer à mes amis étrangers. **e.** Le directeur a présenté un nouveau logiciel qui a beaucoup plu au client.

4. a. où ; qui – **b.** que ; qui – **c.** que ; que – **d.** que – **e.** que ; qui ; où.

Leçon 2

6. *Satisfaction :* Je trouve ça très bien ! – Parfait ! – Ça marche ! – Ça y est !
Insatisfaction : J'en ai assez !
Déception : Dommage ! – Très mal ! – Ridicule ! – Décevant ! – Trop c'est trop !
Plaisir : Formidable ! – Ça me plaît beaucoup ! – Passionnant ! – Étonnant ! – Extraordinaire ! – Ce n'est pas raisonnable ! – Ça, alors...
Indifférence : Tant pis ! – Ni chaud ni froid !

7. a. détester – **b.** pleurer – **c.** la tristesse – **d.** se sentir mal – **e.** être malheureux – **f.** détester – **g.** patient – **h.** antipathique – **i.** attentif ; curieux – **j.** mauvaise humeur.

8. a. détester – **b.** déçu – **c.** amusant – **d.** stable – **e.** rassurant.

9. a. amoureux – **b.** triste – **c.** déçu – **d.** indifférent.

10. a. Ne m'en veux pas ! – **b.** Pense à toi ! – **c.** Fais attention à toi ! – **d.** Pardonne-moi ! – **e.** Ne t'inquiète pas.

11. a. Je crois que tu te sentiras bien. – **b.** Je pense que ça ira mieux. – **c.** Il dit qu'il ne la reverra plus. – **d.** J'espère que tu feras attention à toi. – **e.** Je pense que ça te plaira.

Leçon 3

13. Lieu de départ : Paris, gare de l'Est – lieu d'arrivée : Chaumont – 2e classe – Prix : 175 francs/26,68 euros – Heure de départ : 19 h 15 – Heure d'arrivée : 21 h 31.

14. a. L'avion qui devait partir à 13 h 15 pour Rio a été retardé. – **b.** Les voyageurs qui garent leur voiture sur les parkings sont parfois victimes de vol de bagages. – **c.** La réservation que tu as faite a été annulée. – **d.** L'hôtel de la Riviera où nous devions descendre est complet. – **e.** Les camionneurs qui sont en colère bloquent les routes.

15. a. Nous n'avons pas visité le château de Versailles parce qu'il est fermé le mardi. – **b.** Je n'ai pas lu le journal d'aujourd'hui parce qu'il n'est pas paru. – **c.** Nous ne sommes pas allés à l'opéra parce que c'était complet. – **d.** Nous n'avons pas mangé de foie gras parce qu'il n'y en avait plus. – **e.** Nous n'avons pas assisté au spectacle en plein air parce qu'il a plu.

16. rien ; très mal ; rarement ; pas bien – toujours ; personne – souvent ; jamais.

Leçon 5

18. a. peindre – **b.** décorer – **c.** bricoler – **d.** construction – **e.** coût.

19. a. bon marché – **b.** magnifique – **c.** spacieux – **d.** minuscule – **e.** extraordinaire – **f.** introuvable – **g.** indifférent – **h.** tendance – **i.** bizarre – **j.** confortable.

20. a. C'est le lieu où on se lave. – **b.** C'est le lieu où on dort. – **c.** C'est le lieu où on se repose (détend). – **d.** C'est le lieu où on travaille.

21. a. Ce sont les nouvelles technologies qu'il faut développer. – **b.** C'est la rédaction qui a changé le titre. – **c.** C'est le climat de la Méditerranée que je préfère. – **d.** C'est la violence qu'il faut combattre. – **e.** C'est une ville qui a changé.

22. a. Oui, nous avons tout fait nous-mêmes. – **b.** Oui, elle a tout traduit elle-même. – **c.** Oui, j'ai tout écrit moi-même. – **d.** Oui, il a tout changé lui-même. – **e.** Oui, ils ont tout décoré eux-mêmes.

Leçon 5

24. a. le créateur – le lecteur – le lauréat – l'auteur – l'écrivain – l'éditeur – le visiteur – l'animateur.
b. le livre – la littérature – les prix littéraires – l'émission – le salon du livre.

25. LIVRE : lecteur / écrivain ; créateur ; auteur
FOIRE : le salon du livre / le visiteur
PRIX : le lauréat / les prix littéraires
L'ÉMISSION : l'animateur

26. *Fictions :* un roman, une bande dessinée, un roman policier.
Ouvrages pratiques : un guide touristique, un catalogue, un annuaire.
Ouvrages scolaires : un dictionnaire, un manuel.

27. *XVIe siècle :* Montaigne – *XVIIe siècle :* Madame de La Fayette, Molière, Racine – *XVIIIe siècle :* Beaumarchais, Voltaire – *XIXe siècle :* Victor Hugo, Stendhal, Gustave Flaubert, Alexandre Dumas – *XXe siècle :* Paul Fort, Jacques Prévert, Simone de Beauvoir, Jean-Paul Sartre, Marguerite Duras, Albert Camus, Marcel Pagnol, Uderzo et Goscinny – *XXIe siècle :* Amélie Nothomb, Pétillon.

28. C'est l'histoire d'une jeune fille de quinze ans et demi qui est élève au lycée de Hanoi. Elle devient l'amante du fils d'un riche marchand chinois que son père a fiancé à une jeune Chinoise. Mais la mère de la jeune fille qui est pauvre ne dit rien. À la fin du roman la jeune fille repart en France et ne reverra jamais son amant.
b. *L'Étranger* se passe à Alger. Meursault est un employé de bureau qui a une petite amie, Marie. Quand il apprend la mort de sa mère, il va indifférent à son enterrement. Le dimanche suivant, quand il va à la plage avec Marie et deux amis, ils sont suivis par deux Arabes. Ils se battent et l'ami de Meursault est blessé. Plus tard Meursault, qui reviendra seul sur la plage, tuera l'Arabe. Il ira en prison et sera condamné à mort.
c. *Mémoires d'une jeune fille rangée* raconte les années de jeunesse de l'écrivain. Après une enfance dans un milieu conformiste et bourgeois, elle rencontre Zaza qui devient sa meilleure amie et elle a une relation amoureuse avec Jacques. Pendant ses années étudiantes, elle découvre les cafés, l'alcool et le jazz et commence sa relation avec Sartre.
d. C'est l'histoire d'Antoine Roquentin qui a trente-cinq ans quand il rentre d'Indochine et qu'il s'installe à Bouville. Il a le projet d'écrire un livre sur un aventurier du XVIIIe siècle. Pour y voir plus clair sur lui-même il écrit aussi son journal. Pipe, fourchette, verre de bière, racine d'un arbre, tout lui donne l a nausée parce qu'il ne voit plus rien comme, avant. Toutes ces choses, tous ces êtres n'ont pas à être là.

Entraînement au DELF A2

Compréhension de l'oral

1. a. pour parler à M. Doucet – **b.** à l'extérieur – **c.** attendre jusqu'à 13 heures.

2. a. une chaîne régionale – **b.** la gare TGV – **c.** Louise n'a pas envie de participer à ce débat.

3. a. partout – **b.** il y aura des orages.

c.

Villes	Températures
Grenoble	35°
Nantes	25°
Paris	28°
Perpignan	32°

Compréhension des écrits

1. a. le festival « Les Cultures du Monde » – **b.** depuis 31 ans – **c.** deux forfaits sont proposés. – **d.** faux – **e.** le Gala d'ouverture et un déjeuner typique – **f.** sur le site Internet : www.allier-tourisme.com.

2. a. au Point Carte d'un magasin – **b.** trois – **c.** le paiement comptant immédiat ou différé gratuit jusqu'à 40 jours, des offres promotionnelles toute l'année – **d.** vrai.

3. a. le secrétaire de l'association des parents d'élèves – **b.** une invitation et une participation à la fête de la Chandeleur – **c.** Il est question de la préparation des classes d'été. – **d.** la présidente – **e.** dans la salle polyvalente de la commune.

N° d'éditeur : 10139911 - Janvier 2007
Imprimé en Italie par Canale

Jacky Girardet

Jacques Pécheur

Laure Duranton

Christelle Garnaud

campus

cahier d'exercices

1

CLE

INTERNATIONAL

www.cle-inter.com

1 présentation

1 ■ Trouvez leur nationalité.

Ex. : Astérix → ***Il est français.***

Pinocchio → ....

Carmen → ....

Sherlock Holmes → ....

2 ■ Faites correspondre les dialogues et les dessins.

a. « – Tiens, je te présente Thomas. – Salut. Et toi tu t'appelles comment ? – Patricia. »

b. « – Vous êtes la directrice artistique ? – Oui. Bonjour, je suis Maria Martinez. »

c. « – Bonjour, votre nom ? – Hugo Marchand. »

grammaire

3 ■ Masculin ou féminin ?

	M	F		M	F
Ex. : Oui, je suis française.	☐	☒	**c.** Et vous, vous êtes italien ?	☐	☐
a. Elle est comédienne ?	☐	☐	**d.** Oui, il est directeur.	☐	☐
b. Tu es espagnole ?	☐	☐			

4 ■ Conjuguez.

– Bonjour, vous êtes le directeur ? – Oui, je .... le directeur artistique.

– Et vous, vous .... comédienne ? Française ? – Non, je .... espagnole.

– Et Hugo, il .... espagnol.

5 ■ « Tu » ou « vous » ?

*Ex. : **Tu** es, pardon, **vous** êtes le directeur artistique ?*

a. .... appelez comment ?
d. .... appelles comment ? Thomas ?

b. .... es Inès ?
e. .... es français ?

c. .... êtes espagnole ?
f. .... êtes comédienne ?

6■ Complétez avec « je », « tu », « il », « elle », « vous ».

– Voici Inès, ... est comédienne. Et vous Hugo ? .... êtes comédien ?

– Oui, ... suis aussi comédien.

– .... appelles comment ? – .... appelle Inès Blanc.

– .... es française ? – Oui, ... suis française.

– Et Maria, ... est française ?

écrit

7■ Casting : présentez ces comédiens.

Ex. : Sophie Marceau → *Elle s'appelle Sophie Marceau, elle est comédienne, elle est française.*

Tom Cruise : ....

Monica Bellucci : ....

Antonio Banderas : ....

2 dire si on comprend

vocabulaire

8■ Regroupez.

place – cathédrale – avenue – théâtre – rue – château – musée – université.

Place, ...

Cathédrale, ...

9■ Noms de lieux. Faites comme dans l'exemple.

Musée du Louvre   *Notre-Dame*   *Théâtre du Châtelet*   *Place de la Concorde*

Ex. : Je cherche la Sorbonne ? ***Ici c'est le musée du Louvre.***

a. Je cherche le château de Versailles ? ....

b. Je cherche l'hôtel Ritz ? ....

c. Je cherche la rue de Rivoli ? ....

grammaire

10■ Remettez les mots dans l'ordre.

Ex. : Je ne pas comprends le français. → ***Je ne comprends pas le français.***

a. elle pas n'est italienne

....

b. ne tu pas travailles

....

c. il n'est directeur pas

....

d. je ne m'appelle Mathieu pas

....

11■ Complétez le dialogue avec les verbes entre parenthèses.

Ex. : Bonjour, je (chercher) **cherche** *le directeur artistique.*

– Vous (être) .... Inès ? – Non, je (être) .... Maria.

– Vous (parler) .... français ? – Oui, je (comprendre) .... le français.

– Voici Maria, elle (être) .... italienne, elle (parler) .... français

et elle (comprendre) .... l'espagnol.

12■ Répondez par : « Oui, c'est ici... » ou « Non, ici c'est... ».

*Ex. : – Le Centre Georges-Pompidou, s'il vous plaît, c'est ici ? – **Non, ici c'est le musée du Louvre.***

a. – Le château de Versailles, s'il vous plaît, c'est ici ?

– Oui, ...

b. – La rue de Rivoli, s'il vous plaît, c'est ici ?

– Non, *(place de la Concorde)* ....

c. – La société de production, s'il vous plaît, c'est ici ?

– Oui, ...

d. – La cathédrale Notre-Dame, s'il vous plaît, c'est ici ?

– Non, *(théâtre du Châtelet)* ....

écrit

13■ Repérez les noms de lieux.

BESH O DROM (HONGRIE)
MUSIQUES DU MONDE
Le 21 juillet → Nuit hongroise
Le 23 juillet à 19 h au parc
de la Courneuve (93)
Les 24 et 25 juillet à 19 h 30
au jardin des Tuileries (1er arr.)
Du 26 au 28 juillet à 18 h au
jardin du Luxembourg (6e arr.)

OLIVIER BESSON
THÉÂTRE DES RUES ET
DES JARDINS
L'ombre des ailes/
Compagnie Olivier Besson
Les P'tites maisons
Du 30 juillet au 4 août à 21 h
Jardin Catherine Labouré
(7e arr.)

CORDEL DO FOGO
ENCANTADO (BRÉSIL)
MUSIQUES DU MONDE
Le 7 août à 19 h au square
Maurice Gardette (11e arr.)
Le 8 août à 19 h au square
Carpeaux (18e arr.)
Du 9 au 11 août à 18 h au
jardin du Luxembourg (6e arr.)

MAHMOUD GANIA (MAROC)
MUSIQUES DU MONDE
Du 23 au 25 juillet à 18 h au
jardin du Luxembourg (6e arr.)
Le 26 juillet à 19 h au parc
de Belleville (20e arr.)
Les 27 et 28 juillet à 19 h 30
au jardin des Tuileries (1er arr.)

GLOBAL CHAOS NIGHT
ÉLECTRO WORLD
Fun-Da-Mental, Charged,
Juttla, Swami
Le 20 juillet à partir de 18 h
Batofar (13e arr.)

ACCRORAP DANSE
Anokha
Cour d'Orléans du Palais
Royal (1er arr.)

ACHILLE TONIC
REVUE A L'ITALIENNE
Variété
Athénée-Théâtre Louis Jouvet
(9e arr.)

KADY DIARRA
(BURKINA FASO)
MUSIQUES DU MONDE
Les 30 et 31 juillet à 19 h 30
au Jardin des Tuileries
(1er arr.)
Le 1er août à 19 h au square
Carpeaux (18e arr.)
Le 2 août à 19 h au parc
de la Bergère à Bobigny (93)

DUST
OPÉRA MULTIMÉDIA
Opéra de Robert Ashley et
Yukihiro Yoshihara
Du 26 au 28 juillet à 22 h
Cour d'Orléans du Palais
Royal (1er arr.)

3 présenter une personne

14■ Trouvez le masculin ou le féminin.

Ex. : un étudiant → ***une étudiante.***

a. un comédien → ....

b. une artiste → ....

c. un sportif → ....

d. une directrice → ....

e. un professeur → ....

f. une musicienne → ....

15■ Reconnaissez ces métiers.

....

....

....

grammaire

16■ Qui est-ce ? Répondez comme dans l'exemple.

Ex. : – Vous connaissez Gérard Depardieu ? – Qui est-ce ?
*– **C'est un comédien français.***

a. – Vous connaissez Madonna ?

– Qui est-ce ? – ....

b. – Vous connaissez Monica Bellucci ?

– Qui est-ce ? – ....

c. – Vous connaissez Bernard Kouchner ?

– Qui est-ce ? – ....

d. – Vous connaissez Gustavo Kuerten ?

– Qui est-ce ? – ....

médecin – chanteuse – sportif – comédienne

17■ Complétez.

*Ex. : – Tu connais ? – Oui c'est **une** étudiante, **elle** est espagnole.*

a. – Tu connais ? → – Oui, c'est .... Anglais, ... est musicien.

b. – Tu connais ? → – Oui, c'est .... Mexicaine, ... est médecin.

c. – Tu connais ? → – Oui, c'est .... sportif, ... est portugais.

d. – Tu connais ? → – Oui, c'est .... artiste, ... est polonais.

18■ Complétez.

– Qui est-ce ? – C'est *un* étudiant ? – Non, c'est .... professeur portugais.

– Il connaît .... étrangers ? – Il connaît .... Brésilienne, ... Grec, et .... Espagnol.

– Et toi, tu connais des étrangers ? – Je connais .... garçons, ... Mexicain, ... Américain et .... Chinoise.

– .... Chinoise, c'est une fille ? – Ah ! oui, excuse-moi.

écrit

19■ Rédigez votre carte de visite : nom, prénom, profession, adresse en France. Choisissez votre adresse.

7, cours Mirabeau, 13100 Aix-en-Provence.
5, avenue Victor-Hugo, 75016 Paris.
8, boulevard de la Cannebière, 13001 Marseille.
6, rue de la République, 69002 Lyon.

4 nommer les choses

vocabulaire

20■ Classez ces titres de films.

Un dimanche à la campagne ; *Le cinquième élément* ; *La guerre des étoiles* ; *Une étoile est née* ; *L'étudiante* ; *Les oiseaux* ; *Salut l'artiste* ; *La belle américaine* ; *Le grand restaurant* ; *Les comédiens* ; *Adieu l'ami* ; *Des amis comme les miens.*

UN	UNE	LE	LA	LES	DES	L'
Un dimanche à la campagne	....	....	....	....	....	....
....	....	....	....	....	....	....
....	....	....	....	....	....	....
....	....	....	....	....	....	....
....	....	....	....	....	....	....

21■ Complétez. Vous connaissez...

... *un* fromage français ?

a. .... région française ? **b.** .... voiture française ? **c.** .... parfum français ? **d.** .... restaurant français ? **e.** .... film français ?

... **la** *cathédrale Notre-Dame ?*

f. .... palais de l'Élysée ? **g.** .... rue de Rivoli ? **h.** .... place de la
Concorde ? **i.** .... hôtel Ritz ? **j.** .... musée du Louvre ?

22■ Complétez.

*Ex. : Tu connais le directeur artistique **de la** société de production ?*

a. Tu connais le comédien .... film ? **b.** Tu connais la professeur .... espagnol ?
c. Tu connais le film .... Besson ? **d.** Tu connais le nom .... parfum
.... amie .... Maria ? **e.** Tu connais la rue .... l'hôtel ?
f. Tu connais le nom .... théâtre ?

23■ Complétez.

*Ex. : Bonjour, je suis espagnole, je cherche **un** livre français.*

– Vous connaissez .... livre de Paul Latour ?
– Qu'est-ce que c'est ? C'est .... livre célèbre ?
– C'est .... producteur de films, il cherche .... étudiants étrangers :
.... Anglais, ... Italienne, ... Français,
.... Espagnol. Ils sont .... comédiens du film.

24■ Complétez avec « un », « une », « des », « le », « la », « les », « du ».

a. Tu connais .... chanteur français ? – Oui, je connais Daft Punk. • C'est ....
chanteur français ? – Ce sont .... musiciens. Ils sont deux. • Et tu connais ....
bon disque ? – Oui.
b. Je cherche .... voiture française. Tu connais la 406 ? – C'est .... nom
d' .... voiture ? • C'est .... voiture célèbre ? – Oui très célèbre. C'est
.... voiture .... film *Taxi*.

25■ Présentez les documents.

....
....
....
....

MARGUERITE DURAS

L'AMANT

☆m

LES ÉDITIONS DE MINUIT

....
....
....
h. ....

Ex. : C'est un film.
C'est Le cinquième élément.
C'est un film de Luc Besson.

5 savoir vivre

26■ Reconstituez les dialogues pour chaque situation.

1. – Bonjour docteur !
– Bonjour madame, comment allez-vous ?

2. – Après vous, je vous en prie !
– Merci !

3. – Salut !
– Salut !
– Ça va ?
– Ça va ?
– Salut !
– À bientôt !

27■ « Tu » ou « vous » ?

	TU	VOUS
a. Deux copains dans la rue, Hugo et Thomas	☐	☐
b. Le directeur de casting et Inès	☐	☐
c. Un professeur et un étudiant	☐	☐
d. Un médecin et un sportif	☐	☐

28■ Entourez la bonne réponse.

Ex. : – Excusez-moi, | tu connais | ⟨vous connaissez⟩ | *la place de la Concorde ?*

a. – Pardon monsieur, le métro, | s'il te plaît ? | s'il vous plaît ?

b. – Excuse-moi, | après toi ! | après vous !

c. – Salut Hugo, | bonjour monsieur ! | salut Thomas !

d. – Oh pardon, | excusez-moi ! | ça va, ce n'est rien !

29■ Rencontres. Faites comme dans l'exemple.

Ex. : Hugo et Thomas se rencontrent ; ils disent : – **Salut, ça va ?** – *Ça va.*

a. Inès rencontre le directeur de casting, elle dit :

– ....

– Bonjour mademoiselle.

b. Mme Bonnet et M. Dupré entrent dans l'ascenseur, il dit :

– ....

– Merci.

c. Une étudiante rencontre son professeur, elle dit :

– ....

– Bonjour Inès.

d. Le soir, M. Bonnet rencontre M. Dupré, il dit :

– ....

– Bonsoir.

30 ◼ **Qui dit ?**

Ex. : « Bonjour Thomas, vous cherchez le directeur artistique ? » ➔ **Une secrétaire.**

a. « Bonjour Hugo, ça va ? » – ....

b. « Bonjour monsieur, vous cherchez… ? » – ....

c. « Salut Inès, tu vas bien ? » – ....

un ou une ami(e) d'Inès – un professeur à son élève – une secrétaire.

écrit

31 ◼ **Écrivez une phrase d'excuses :**

a. au directeur de l'école

....

b. au professeur

....

c. à un ami ou à une amie

....

d. à une personne que vous ne connaissez pas

....

6 comprendre la grammaire
vocabulaire

32 ◼ **Retrouvez dans le document : un nom, un verbe conjugué, un verbe à l'infinitif, une marque du féminin, une marque du pluriel.**

n°25

Ex. : nom ➔ **artistes.**

LIRE :
les artistes parlent aussi

REGARDER :
les œuvres d'art célèbres à Rome

ÉCOUTER :
Eric Serra : la musique du Grand Bleu

COMPRENDRE :
La peinture moderne, qu'est-ce que c'est ?

....
....
....
....
....
....
....
....
....

33 ◼ Associez.

a. Qu'est-ce que tu connais ?   **1.** un tableau, une sculpture

b. Qu'est-ce que tu apprends ?   **2.** un film

c. Qu'est-ce qu'elle comprend ?   **3.** un guide, de la musique

d. Qu'est-ce que tu regardes ?   **4.** le français, l'espagnol

e. Qu'est-ce que vous parlez ?   **5.** le portugais, le grec

f. Qu'est-ce qu'elle écoute ?   **6.** le Japon, l'Italie, le Brésil.

grammaire

34■ Conjuguez.

	REGARDER	COMPRENDRE	TRAVAILLER	CHERCHER	CONNAÎTRE
a. je	....	....	....	....	....
b. tu	....	....	....	....	....
c. vous	....	....	....	....	....
d. il/elle	....	....	....	....	....

35■ Mettez au pluriel.

Ex. : un château anglais → ***des châteaux anglais.***

a. une voiture italienne → ....

b. un parfum célèbre → ....

c. un tableau moderne → ....

d. un restaurant chinois → ....

e. une chanteuse française → ....

36■ Masculin (m.) ou féminin (f.) ?

Ex. : soleil → ***m.***

a. lune : ....   **d.** rose : ....   **g.** peinture : ....

b. étoiles : ....   **e.** été : ....   **h.** médecine : ....

c. nuages : ....   **f.** dimanche : ....   **i.** parfum : ....

37■ Qu'est-ce que vous faites ? Retrouvez la réponse ci dessous.

je joue – je répète – je pose une question – je lis.

je lis

ⓐ ....

ⓑ ....

ⓒ ....

écrit

38■ Écrivez un texte en utilisant : un nom, un adjectif, un verbe conjugué, une préposition, un verbe à l'infinitif, un féminin et un pluriel.

....

....

....

1 donner des informations sur une personne

1 ■ Complétez cette fiche de renseignements.

Nom :

Prénom :

Adresse :

Profession :

2 ■ Des mots qui vont bien ensemble.

Rue, **boulevard** ....

Amélie, ...

Serveuse, ...

Française, ...

Boulevard – ingénieur – espagnol – Dominique – secrétaire – italien – informaticien – Kevin – avenue – brésilien

grammaire

3 ■ Transformez les questions avec « est-ce que ».

Ex. : Vous connaissez Amélie Poulain ? → **Est-ce que vous connaissez Amélie Poulain ?**

a. Vous habitez rue Lepic ? → ....

b. Vous êtes informaticienne ? → ....

c. Vous êtes célibataire ? → ....

d. Vous parlez italien ? → ....

e. Vous avez un numéro de téléphone ? → ....

4 ■ Trouvez la question.

Ex. : J'ai 20 ans. → **Quel âge avez-vous ?**

a. J'habite rue Lepic. → ....

b. Je suis informaticienne. → ....

c. Je suis espagnole. → ....

d. Je cherche un renseignement. → ....

5■ Complétez avec les verbes.

a. J' .... les professeurs. *(écouter)*

b. Je .... un numéro de téléphone. *(chercher)*

c. Nous .... une voiture. *(avoir)*

d. Elle .... informaticienne. *(être)*

e. Vous .... Paris. *(habiter)*

6■ Donnez le pronom correct (« je », « il », « elle », « tu », « vous »).

a. .... m'appelle Kevin.

b. .... est italien.

c. .... êtes français ?

d. Quel âge avez- .... ?

e. Non, ... a 25 ans.

f. .... parles quelle langue ?

g. – .... es mariée ?

– Non, ... suis célibataire.

écrit

7■ Envoyez un mél pour donner vos nom, adresse, profession, nationalité pour établir votre visa.

Exp. : ....

Dest. : ....

Objet : ....

Message : ....

....

....

....

....

2 demander

vocabulaire

8■ Regroupez les mots par catégories.

Lieu : ***appartement,*** ....

Situation familiale : ***marié,*** ....

Instruments de travail : ***cahier,*** ....

Appartement – mari – cahier – maison – enfant – dictionnaire – jardin – marié – grammaire – habiter – rue – stylo – célibataire – quartier – cassette

9■ Ne pas confondre... Aidez-vous de votre livre ou de votre dictionnaire.

*Ex. : bureau et bureau : **meuble, pièce.***

a. guide et guide : ....

b. adresse et adresse : ....

c. billet et billet : ....

d. accent et accent : ....

grammaire

10 ■ Répondez négativement.

Ex. : Il y a une piscine dans l'hôtel ? – ***Non, il n'y a pas de piscine dans l'hôtel.***

a. Il y a un restaurant dans l'hôtel ?

– . . . .

b. Il y a une assurance avec le voyage ?

– . . . .

c. Il y a un jardin avec la maison ?

– . . . .

d. Il y a une fenêtre dans le bureau ?

– . . . .

11 ■ Complétez.

Dominique parle de Mathieu :

« Mathieu habite dans . . . . joli village ; il n'y a pas . . . . château, pas

. . . . musée. Mathieu a . . . . maison dans . . . . quartier agréable.

Il est célibataire. Il est informaticien. Est-ce qu'il a . . . . amie ? Je ne sais pas. »

12 ■ Transformez les questions.

Ex. : Tu as un appartement ou une maison ? → ***Vous avez un appartement ou une maison ?***

a. Tu travailles dans un bureau sans fenêtre ?

– Vous . . . .

b. Tu connais le musée d'Art moderne ?

– Vous . . . .

c. Tu habites seule ?

– Vous . . . .

d. Tu sais tout !

– Vous . . . .

13 ■ Complétez avec « tout ».

Ex. : Ma vie (tout savoir). → ***Tu sais tout !***

a. La peinture *(tout connaître)* → Tu . . . . ?

b. La musique *(tout écouter)* → Elle . . . .

c. La télévision *(tout regarder)* → Il . . . .

d. Le français *(tout comprendre)* → Elle . . . . !

e. Le succès, la réussite *(tout avoir)* → Il . . . . !

écrit

14 ■ Désirs... Écrivez en quelques lignes ce que vous voudriez faire pendant les vacances.

Je voudrais visiter le musée d'Art moderne... Je voudrais... . . . .

. . . .

. . . .

. . . .

. . . .

3 exprimer ses préférences

vocabulaire

15 ■ Classez les activités suivantes par catégories.

basket – tennis – ski – restaurant – musées – promenades – cinéma – théâtre – danse – musique

SPECTACLES	SPORT *football*	SORTIES
. . . .	. . . .	. . . .
. . . .	. . . .	. . . .
. . . .	. . . .	. . . .
. . . .	. . . .	. . . .
. . . .	. . . .	. . . .

16 ■ Vous aimez ?

(***) adorer / (**) aimer bien / (–) ne pas aimer du tout / (– –) détester.
*Ex. : Le football (***) : **J'adore le football.***

a. Le théâtre (– –) : . . . . **d.** Le basket (***) : . . . .

b. Le cinéma (**) : . . . . **e.** La danse (–) : . . . .

c. Les promenades (–) : . . . . **f.** La musique (**) : . . . .

17 ■ Posez les questions et notez les réponses.

(*) détester – (**) aimer bien – (***) adorer
Ex. : Vous aimez travailler ?

→ *ELLE : ***Non, je déteste travailler.*** → *LUI : ****Oui, j'aime bien travailler** .*

. . . .

. . . .

. . . .

	ELLE		LUI	
Travailler	*	. . . .	**	. . . .
Regarder la télévision	**	. . . .	*	. . . .
Le cinéma	**	. . . .	**	. . . .
Lire	**	. . . .	*	. . . .
Les promenades	*	. . . .	**	. . . .
Le sport	**	. . . .	***	. . . .
Apprendre le français	***	. . . .	**	. . . .

grammaire

18 ■ Répondez.

Ex. : Vous aimez travailler ?
*– (***) **J'aime beaucoup travailler.** (**) **J'aime bien travailler.** (*) **Je n'aime pas du tout travailler.***

a. Vous aimez lire ? (**) – . . . .

b. Vous aimez jouer ? (***) – . . . .

c. Vous aimez regarder la télévision ? (*) – . . . .

d. Vous aimez apprendre le français ? (**) – . . . .

19■ Complétez.

J'aime bien *le* cinéma et j'adore .... opéra.

J'aime aussi .... danse. Mais .... déteste les voyages et .... promenades.

Je n'aime pas beaucoup .... basket, je préfère .... tennis et .... football.

20■ Répondez.

Ex. : Tu aimes la télévision ? (regarder) → ***Oui, j'aime regarder la télévision.***

a. Tu aimes la radio ? *(écouter)* – ....

b. Tu aimes les livres ? *(lire)* – ....

c. Tu aimes le français ? *(apprendre)* – ....

d. Tu aimes la musique ? *(écouter)* – ....

écrit

21■ Vous écrivez une lettre. Vous parlez de vos sports et activités préférés.

J'aime bien apprendre le français. ....
....
....
....

4 parler de son travail
vocabulaire

22■ Classez les professions.

Fonctionnaire : ***professeur.***

Employé : ....

Profession libérale : ....

Profession artistique ou médiatique : ....

architecte – ingénieur – cuisinier – infirmier – journaliste – médecin – professeur – sculpteur – comédien – directeur artistique – financier – informaticien – secrétaire – présentateur...

23■ Des professions au féminin.

*Ex. : un architecte : **une architecte.***

a. un ingénieur : ....

b. un infirmier : ....

c. un professeur : ....

d. un informaticien : ....

e. un policier : ....

f. un médecin ....

g. un journaliste ....

h. un homme politique : ....

24■ Petites annonces. Complétez.

*Ex. : Directeur de production cherche des **comédiens** et des **comédiennes** pour casting.*

a. Restaurant cherche un ou une ....

b. Hôpital cherche deux .... et quatre ....

c. Lycée cherche deux ...., homme ou femme.

d. *Paris-Match* cherche un .... ou une ....

e. Société cherche une .... bilingue franco-espagnole.

25■ Répondez.

*Ex. : Votre profession ? – **Je suis secrétaire, je travaille dans une banque.***

a. Votre profession ? *(professeur, lycée)*

– ....

b. Votre profession ? *(architecte, bureau)*

– ....

c. Votre profession ? *(infirmier, hôpital)*

– ....

d. Votre profession ? *(cuisinier, restaurant)*

– ....

e. Votre profession ? *(journaliste, journal)*

– ....

26■ « Connaître » ou « savoir » ? Complétez.

– Vous .... un bon médecin ? – Oui, et je .... où il habite.

– Vous .... aussi où il travaille ? – Non, je .... ; mais je ....
un ami du médecin, le docteur B. Vous .... le docteur B ? C'est un médecin célèbre.

27■ Complétez et accordez.

*Ex. : Je suis médecin, c'est **un métier (une profession) utile.***

a. Moi, je suis professeur, c'est un .... *(intéressant)*.

– Et vous ?

b. Moi, je suis infirmière c'est une .... *(difficile)*.

– Et vous ?

c. Moi, je suis médecin, c'est aussi un .... *(difficile)*.

– Et vous ?

d. Moi, je suis présentatrice, c'est une .... *(ennuyeux)*.

28■ Complétez avec des verbes.

Je suis étudiante. Je voudrais .... journaliste. Je voudrais .... au journal
Le Monde et .... à Paris. Je voudrais aussi .... des hommes et des femmes
politiques et .... célèbre.

devenir – habiter – travailler – être – rencontrer

29■ Faites des projets.

Je voudrais ....

....

....

....

....

....

5 parler de ses activités

vocabulaire

30■ **Choisissez dans cette affiche vos sports préférés.**

– Moi, je fais du VTT.

– Et toi ? . . . .

– Moi, je voudrais faire de la natation.

– Et toi ? . . . .

– . . . .

– . . . .

– . . . .

– . . . .

– . . . .

– . . . .

– . . . .

– . . . .

– . . . .

– . . . .

– . . . .

– . . . .

31■ **Trouvez le nom (en vous aidant de votre dictionnaire).**

*Ex. : danser : **la danse.***

a. nager : . . . .   **d** jouer : . . . .

b. skier : . . . .   **e.** téléphoner : . . . .

c. voyager : . . . .   **f.** écrire : . . . .

grammaire

32■ **Complétez avec « aller à... », « aller au... », « aller à la... », « aller à l'... ».**

*Ex. : On **va au** lac.*

a. Je . . . . cinéma . . . . Paris. **b.** On . . . . concert.

c. Elle . . . . théâtre. **d.** Il . . . . mer. **e.** On . . . . restaurant.

f. Tu . . . . hôtel ?

33■ **« Aller à... » ou « aller en... » ?**

*Ex. : Maria **va en** Italie.*

a. Et Inès ? *(Mexique)* . . . . **b.** Et Hugo ? *(Espagne)* . . . .

c. Et Mathieu ? *(musée)* . . . . **d.** Et Dominique ? *(montagne)* . . . .

e. Et Amélie ? *(opéra)* . . . .

34■ Répondez sur le même modèle.

*Ex. : Est-ce que Inès va au cinéma ? – **Non, elle ne va pas au cinéma, elle va au concert.***

a. Hugo, tu aimes le canoë ? *(préférer le VTT)* – ....

b. Mathieu, il aime le sport ? *(aimer beaucoup le théâtre)* – ....

c. Dominique, vous aimez le tennis ? *(préférer faire - cheval)* – ....

35■ Transformez.

Ex. : Il aime la mer (aller) → ***Il aime aller à la mer.***

a. Elle adore le tennis *(jouer)* → ....

b. On préfère la musique *(écouter)* → ....

c. Elle n'aime pas les livres *(lire)* → ....

d. Ils adorent l'opéra *(aller)* → ....

36■ Conjuguez les verbes.

a. – Tu *(faire)* .... du sport ? – Moi je *(faire)* .... du VTT à la montagne.

b. – Tu *(aller)* .... au restaurant ou on *(aller)* .... au cinéma ? – Je *(préférer aller)* .... au cinéma.

c. – Tu *(aimer faire)* .... des voyages ? – Oui, j'aime bien, je *(aller)* .... au Maroc.

d. – Vous *(aller)* .... danser ? – Oh ! oui, on *(adorer danser)* ....

écrit

37■ Carte postale. Vous êtes en vacances à la montagne, vous envoyez une carte postale à la classe.

....

....

....

....

6 parler de son pays, de sa ville
vocabulaire

38■ Éliminez l'intrus.

Ex. : lac, ~~montagne~~, mer.

a. rue, ville, village.

b. château, hôtel, cathédrale.

c. théâtre, cinéma, restaurant.

d. restaurant, métro, hôtel.

39■ Nommez dans la ville :

*Ex. : trois lieux : **place, rue, avenue.***

a. trois activités : ....

b. trois sorties : ....

c. trois moyens de transport : ....

d. deux monuments : ....

40■ Quel est le contraire de :

*Ex. : une ville : **un village.***

a. une avenue : .... **b.** le présent : .... **c.** vieux : ....

d. grand : .... **e.** détester : ....

41 ■ Complétez.

« Chère Inès,

Hugo et moi, nous *(être)* .... en Provence. Nous *(habiter)* .... une maison dans un quartier agréable. Nous *(aller)* .... faire de la natation dans les lacs et nous *(faire)* .... du VTT. Nous *(visiter)* .... de jolis villages et nous *(adorer)* .... regarder les habitants aller travailler.

Maria »

42 ■ Hugo et Thomas répondent à une interview.

*Ex. : Vous travaillez dans le cinéma ? – Oui, nous **sommes** comédiens.*

– Vous avez du travail ?

– Oui, nous .... du travail.

– Vous aimez beaucoup cette profession ?

– Oui, nous .... ce métier.

– Vous allez faire les castings ?

– Oui, nous .... les castings.

– Vous répétez beaucoup ?

– Oui, nous .... beaucoup.

– Et vous jouez aussi à la télévision ?

– Oui, nous .... à la télévision, mais nous .... le cinéma.

43 ■ Parlez de la profession de Hugo et Thomas.

Hugo et Thomas *(travailler)* **travaillent** dans le cinéma. Ils *(être)* .... comédiens. Ils *(avoir)* .... beaucoup de travail et ils *(aimer)* .... beaucoup ce métier. Ils *(faire)* .... les castings et ils *(répéter)* .... beaucoup. Ils *(jouer)* .... aussi à la télévision, mais ils *(préférer)* .... le cinéma.

44 ■ Présentez-vous.

Je m'*(appeler)* .... J'*(avoir)* .... ans. Je *(être + métier)* .... J'*(habiter)* .... à .... J'*(étudier)* .... le français. Je *(faire)* .... du sport. Je *(préférer)* .... le/la .... Je *(aller)* .... aussi au spectacle. J'*(aimer bien)* .... le/la .... En vacances j'*(adorer)* .... la (mer/montagne) et je *(détester)* .... J'*(aimer bien)* .... parler avec les habitants étrangers.

45 ■ Votre ville ou votre village préféré. Sur le modèle du dépliant touristique ci-joint, présentez votre ville ou village.

....

....

....

....

....

1 dire la date

1 ▪ Regroupez les titres de ces films qui indiquent :

a. les saisons : ***Conte d'été,*** ....

b. les heures : ....

c. les mois : ....

d. les jours de la semaine : ....

e. la durée : ....

f. la situation dans le temps : ....

Une semaine de vacances ; Sonate d'automne ; Pas de printemps pour Marnie ; Vivement dimanche ; 3 h 10 pour Yuma ; Vendredi 13 ; C'est arrivé demain ; Quatorze juillet ; Paris au mois d'août ; La bonne année ; Samedi soir, dimanche matin ; Un cœur en hiver ; Un week-end sur deux ; Au revoir à lundi ; Le jour le plus long ; 37°2 le matin ; Hier, aujourd'hui, demain ; Mercredi ou la folle journée ; Le train de 8 h 47.

2 ▪ Complétez cet emploi du temps.

Du lundi 21 mai .... mercredi 23, je travaille à Nimes. .... mardi 29 mai, je suis à Montpellier. .... juin, j'ai deux semaines de vacances. .... mois de juillet, je vais présenter le film aux États-Unis. Je préfère aller en Australie pour le casting .... automne.

3 ▪ Écrivez la question.

Ex. : ***Vous allez faire du ski, quand ?*** *– Nous allons faire du ski à Noël.*

a. .... ?
– Je suis à Paris le mardi 14.

b. .... ?
– Elle préfère aller à Lausanne en automne.

c. .... ?
– Je vais faire du tennis avant 10 heures.

d. .... ?
– Les magasins ouvrent à 9 heures et ferment à 19 heures.

e. .... ?
– L'usine ferme en août.

4 ▪ Complétez.

Ex. : Tu vas faire du ski, quand ? – ***Je vais faire du ski en février.***

a. Tu es en vacances quand ?
– *(10-25 février)* ....

b. Tu ne préfères pas aller faire du ski en décembre ?
– *(Non, printemps)* ....
(décembre) ...., je préfère aller dans les îles, à la Martinique.

c. Tu as aussi des vacances en décembre ?
– Oui, *(fêtes de Noël)* .... et .... 23 décembre .... 2 janvier,
la société est fermée.

5■ Faites le portrait de quelques stars. Aidez-vous d'un dictionnaire.

Né en (année), en (mois), le (jour), en (saison).
Zinedine Zidane ; Jean Réno ; Céline Dion ; Philippe Stark ; Jean-Paul Gaultier.

. . . .

. . . .

. . . .

. . . .

6■ Une vie bien remplie. Racontez votre emploi du temps pour les prochains mois.

. . . .

. . . .

. . . .

. . . .

2 dire l'heure

vocabulaire

7■ Écrivez l'heure en toutes lettres.

a. Horaire des films :
Le pacte des loups : 12 h 20 ;16 h 30 ; 19 h 45 ; 22 h 10

. . . .

Les rivières pourpres : 9 h 15 ; 13 h 30 ; 17 h 50, 20 h.

. . . .

Le cinquième élément : 17 h 15 ; 19 h 30 ; 22 h 15.

. . . .

b. Horaire des trains :
TGV Marseille-Paris : Marseille 8 h 15 ; Avignon 8 h 45 ; Paris 11 h 15.

. . . .

c. Horaire des avions :
Paris-Madrid : 14 h 30-16 h 30

. . . .

8■ Classez les horaires de l'exercice 7.

Matin : *9 h 15* . . . .

Après-midi : *12 h 20* . . . .

Soir : . . . .

9■ Une journée de travail. Racontez.

9 h travail ; 11 h pause ; 13 h déjeuner ; 18 h sortie du travail ; 19 h retour à la maison ; 20 h 30 spectacle ;
23 h coucher.

   Je commence à travailler à 9 heures . . . .

. . . .

. . . .

. . . .

. . . .

grammaire

10■ Répondez.

*Ex. : Quelle heure est-il ? (8 h) – **Il est huit heures.***

a. Quelle heure est-il ? *(11 h 45)*

– ....

b. Quelle heure est-il ? *(10 h 30)*

– ....

c. Quelle heure est-il ? *(14 h 15)*

– ....

d. Quelle heure est-il ? *(13 h 30)*

– ....

11 ■ Vous êtes en avance ou en retard ? Faites comme dans l'exemple.

Ex. : C'est quelle heure ? (9 h 30/9 h 45)

– ***Il est neuf heure et demie.***

• ***Oh ! Je suis en avance, je travaille à dix heures moins le quart.***

a. C'est quelle heure ? (12 h 30/12 h 15)

– Il est ....

• Oh ! ...., je *(commencer à travailler)* ....

b. C'est quelle heure ? (13 h 45/14 h)

– Il est ....

• Oh ! ...., je *(répéter)* ....

c. C'est quelle heure ? (9 h/8 h 30)

– Il est ....

• Oh ! ...., je *(ouvrir le magasin)* ....

d. C'est quelle heure ? (19 h/18 h 30)

– Il est ....

• Oh ! ...., je *(finir de travailler)* ....

écrit

12■ Une folle journée. Faites le récit de cette journée.

Lundi **10** Septembre	**2001**	Lundi **10** Septembre

8 h 00 Bureau	14 h 00
8 h 15	14 h 15
8 h 30	14 h 30
8 h 45	14 h 45
9 h 00	15 h 00
9 h 15	15 h 15
9 h 30	15 h 30
9 h 45	15 h 45
10 h 00 Réunion Brésiliens	16 h 00
10 h 15	16 h 15 Taxi
10 h 30	16 h 30
10 h 45	16 h 45
11 h 00	17 h 00
11 h 15	17 h 15
11 h 30	17 h 30 Aéroport
11 h 45	17 h 45
12 h 00 Déjeuner japonais	18 h 00
12 h 15	18 h 15
12 h 30	18 h 30
12 h 45	18 h 45
13 h 00	19 h 00
13 h 15	19 h 15
13 h 30 Réunion Allemagne	19 h 30
13 h 45	19 h 45 Vol Paris-Singapour
	20 h 00

....
....
....
....
....
....
....
....
....
....
....
....
....
....
....

3 donner des informations sur son emploi du temps

13■ Complétez avec « Attends », « Tiens ! », « Dis donc ! », « Fais attention ! »

Patrick et Nicolas :

« . . . . une seconde, j'ai un mél de la société de production. . . . . ils cherchent un informaticien. C'est pour toi ! Départ, demain, retour dimanche.

. . . . regarde ! . . . ., il faut travailler en japonais ! »

grammaire

14■ Complétez avec « toi », « moi », etc.

*Ex. : Tu pars ? Je viens avec **toi**.*

– Dimanche on va chez . . . . ou chez . . . . ?

– Nicolas et Patrick viennent avec . . . . ?

– Ah non, c'est sans . . . . ! C'est un week-end pour nous deux.

15■ Complétez.

– Alors ? Ce voyage ?

– Je reste trois jours **à** Fort-de-France. Je pars le 7 . . . . la Réunion. J'arrive . . . . l'île Maurice le 10 ; je repars . . . . l'île Maurice le 12 et je vais . . . . Madagascar. Je reviens . . . . Madagascar et je repars . . . . l'île Maurice le 14 pour rentrer . . . . la Réunion le 16.

– Et tu rentres . . . . la Réunion quand ?

16■ « Venir » ou « aller » ?

– Ce soir on **va** au théâtre, vous **venez** ?

– Non, on . . . . au cinéma avec Julie et Patrick.

– Mais après, vous . . . . au restaurant chinois ?

– Non, on . . . . à la pizzeria avec eux.

– Ah bon, ils . . . . avec vous ?

– Oui, ils . . . . avec nous.

17■ Vrai ou Faux ?

Je suis à Montpellier :

	Vrai	Faux
Je reviens de Nîmes.	⊠	☐
a. Je pars de Nîmes.	☐	☐
b. J'arrive à Montpellier.	☐	☐
c. J'arrive de Nîmes.	☐	☐
d. Je pars pour Nîmes.	☐	☐
e. Je rentre de Nîmes.	☐	☐
f. Je viens de Nîmes.	☐	☐
g. Je viens de Montpellier.	☐	☐

18■ À pied, à cheval, en avion, en train, en voiture, décrivez un itinéraire de vacances en France que vous aimeriez faire.
Reportez-vous à la carte de France de votre livre.

....
....
....
....
....
....
....
....
....
....
....

4 invitations

vocabulaire

19■ Donnez un conseil : « devoir » ou « pouvoir » ?

*Ex. : Pour bien parler français, tu **dois** apprendre.*

a. Pour réussir, vous .... travailler.

b. Pour aller à Lyon, il .... prendre le train ou l'avion.

c. Pour être un chanteur célèbre, tu .... bien chanter.

d. Pour avoir un renseignement, elle .... écrire ou téléphoner.

e. Pour venir au cours de français, tu .... acheter un livre, un cahier d'exercices, une cassette.

20■ Choisissez, comme dans l'exemple.

Ex. : Boire un Coca ou un Perrier. → ***Tu veux boire un Coca ou un Perrier ?***

a. Être comédien ou médecin → ....

b. Faire du ski ou de la natation → ....

c. Aller à la montagne ou à la mer → ....

d. Partir en vacances ou travailler au bureau → ....

21■ Complétez avec « Merci », « Excusez-nous », « C'est possible », « D'accord », « Je voudrais bien ».

a. – On travaille ensemble ? – .... !

b. Nous ne pouvons pas venir, ...

c. – On peut déjeuner ? .... ? – Oui, bien sûr.

d. .... pour l'invitation.

e. .... je viens avec toi.

f. .... partir en vacances demain.

22■ Répondez avec « D'accord » ou « C'est impossible ».

*Ex. : On va au restaurant ? – **D'accord**, je veux bien.*

a. On va faire du cheval ou du VTT ?

– ...., je pars à Genève.

b. Tu viens au cinéma ?

– ...., on va voir quel film ?

c. On va à Lisbonne ce week-end ?

– ...., je travaille.

d. Vous voulez venir chez moi ?

– .... Patrick vient aussi ?

23■ Pour exprimer un souhait : complétez.

*Ex. : Est-ce que vous **voulez** jouer avec moi ? – Oui, c'est possible.*

a. Est-ce que tu .... habiter chez moi ?

– Oui, je .... bien.

b. Est-ce que tu .... partir avec moi ?

– Désolé. Je ne peux pas.

c. Tu .... boire un café ou un thé ?

– Un café, merci.

d. Vous .... partir à la campagne avec nous ?

– Non, merci, je dois travailler.

24■ Proposer de faire quelque chose : transformez.

*Ex. : (venir demain) → **Tu peux venir demain ?***

a. *(travailler pour moi)* → Vous ....

b. *(regarder le film sans moi)* → Tu ....

c. *(venir lundi à 10 h)* → Vous ....

d. *(revenir de Madrid mardi)* → Vous ....

25■ Exprimez l'impossibilité : faites comme dans l'exemple.

Ex. : Désolée, je suis très occupée. Je dois travailler.

a. Impossible. *(partir à midi/je)* : ....

b. Excusez-moi, *(rester encore un mois/vous)* : ....

c. Désolé. *(habiter Paris/tu)* : ....

26■ Rédigez le carton d'invitation pour une fête avec des amis.

....

....

....

....

....

5 propositions

27■ Complétez avec « oui », « si », « non ».

*Ex. : Vous n'avez pas en vie de faire du cinéma ? – **Si**.*

a. Vous détestez le café ?

– . . . ., j'adore !

b. Aimez-vous le spectacle ?

– . . . ., j'aime beaucoup.

c. Tu ne vas pas au cinéma ce soir ?

– . . . ., je viens.

d. Vous voulez un Coca ?

– . . . ., un Perrier.

e. Vous ne faites pas de ski ?

– . . . ., mais je fais aussi du VTT.

f. Vous ne connaissez pas l'Italie ?

– . . . ., je connais.

28■ « Aussi » ou « non plus » ? Faites comme dans l'exemple.

*Ex. : – J'ai un petit problème... – **Moi aussi**.*
*– Je ne peux pas être à l'aéroport dimanche. – **Moi non plus**.*

a. – Je n'ai pas d'assurance. Et vous ? – . . . .

b. – Elle aime le sport. Et lui ? – . . . .

c. – Il est célibataire. Et toi ? – . . . .

d. – Je suis fatiguée. Et vous ? – . . . .

e. – Je ne connais pas le nouveau directeur. Et toi ? – . . . .

f. – Tu pars en vacances ?

– Non. Et toi ? – . . . .

29■ Écrivez la question.

*Ex. : **Patrick aime-t-il Julie ?** – Oui, Patrick aime Julie.*

a. Julie . . . . ?

– Oui, Julie doit venir.

b. Julie . . . . ?

– Oui, Julie écoute aussi de la musique.

c. Patrick . . . . ?

– Non, il ne fait pas non plus de ski.

d. Julie . . . . ?

– Oui, elle parle bien l'espagnol et le portugais.

30■ « Qui ? », « Quand ? », « Comment ? », « Où ? », « Quoi ? ». Trouvez les questions.

*Ex. : **Tu travailles demain ?** – Non, je ne travaille pas demain.*

a. . . . .

– Je pars en week-end.

b. . . . .

– Je vais en Corse en avion.

c. . . . .

– Je vois la compagnie mercredi.

d. . . . .

– Je viens avec les informaticiens et les ingénieurs.

31 ■ Dites-le autrement.

Ex. : Que faites-vous ? → **Vous faites quoi ?**

a. Où allez-vous ? → . . . .

b. Quand viennent-ils ? → . . . .

c. Comment joue-t-elle ? → . . . .

d. Qui vient avec lui ? → . . . .

e. Que désirez-vous ? → . . . .

écrit

32 ■ L'interview.

À l'aide des questions avec « que », « qui », « où », « quand », « comment », préparez les questions de l'interview de votre vedette préférée (sport, cinéma, chanson, etc.). Rédigez les réponses.

. . . .

. . . .

. . . .

. . . .

. . . .

6 faire un programme d'activités

vocabulaire

33 ■ Organisez le programme de votre journée à Avignon.

21 h 30
LA MORT DE DANTON,
mise en scène
Thomas Ostermeier
(cour du lycée Saint-Joseph).

20 h
cachots et cachotteries,
par Ilotopie
(fort saint-andré).

22 h
Boris Godounov de Pouchkine,
mise en scène de Declan Donnellan
(Usine Volponi).

15 h
Brigitte Fossey lit
Je pense à toi
de Frank Smith
(Maison Jean Vilar).

■ 11 h
Pierrette Dupoyet :
Avant l'aube
(cinéma Vox).

22 h
L'École des femmes
(cour d'honneur
du palais des Papes).

17 h
Rencontres du Verger :
rencontre avec Pierre Arditi et
l'équipe de L'École des femmes.

HEURE	SPECTACLES	LIEUX
11 h	*Avant l'aube*	cinéma Vox
. . . .	. . . .	. . . .
. . . .	. . . .	. . . .
. . . .	. . . .	. . . .
. . . .	. . . .	. . . .
. . . .	. . . .	. . . .

34■ Répondez.

*Ex. : Tu vas partir en vacances quand ? (Demain) – **Demain, je vais partir en vacances.***

a. Tu vas voir le spectacle quand ? *(demain 11 h)*

– ....

b. Quand est-ce que tu vas déjeuner avec lui ? *(jeudi)*

– ....

c. Tu vas l'appeler quand ? *(cet après-midi à 17 h)*

– ....

d. Vous allez regarder le match à la télévision ? *(non)*

– ....

e. Et vous allez tourner un nouveau film ? *(à partir de janvier)*

– ....

f. Vous allez traduire son nouveau livre en français ? *(oui)*

– ....

35■ Qui fait quoi ?

*Ex. : **Moi,** j'organise !*

................, tu écris les invitations, Paul, ... va chercher les programmes ; Julie,
................, répète le spectacle ; ...., je vais travailler à la société de production.
................, Patrick, tu viens avec ....

36■ Présentez le programme de la journée « Nature et découvertes ».

7 h *Départ de Nîmes en autobus.*

9 h *Arrivée à Vallon-Pont-d'Arc et petit déjeuner.*

10 h *Descente de l'Ardèche en canoë.*

13 h *Déjeuner.*

15 h *Visite d'Aubenas.*

17 h *Temps libre.*

19 h 30 *Dîner*

21 h *Spectacle avec Jean-Louis Trintignant et Marie Trintignant : Poèmes à Lou d'Apollinaire.*

00 h *Retour à Nîmes.*

Nous allons partir de Nîmes à ....
....
....
....
....
....
....
....

37■ Accepter/Refuser

Salut Patrick, Salut Julie,
Vous venez pour le week-end ? On va faire la fête… Au programme, salsa, cheval, vélo, piscine, restaurant.
Rendez-vous au château.
Venez vite.

Répondez à ce mél : Patrick accepte, Julie refuse.

....
....
....

1 s'orienter

vocabulaire

1 ■ Vous allez place Louis XV. Indiquez l'itinéraire à l'aide du plan.

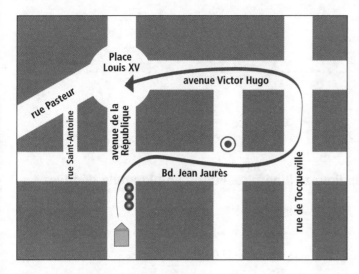

Pour aller place Louis-XV, ... l'avenue de la République, au feu, ... à droite. Vous . . . . ensuite la deuxième rue à . . . . Vous êtes rue de Tocqueville. Vous . . . . et vous . . . . , avenue Victor-Hugo. Vous . . . . jusqu'à la place Louis-XV.

grammaire

2 ■ Complétez avec « ce », « cette », « cet »...

*Ex. : Tu connais **cette** rue ?*

a. Vous aimez . . . . musique ?

b. Tu as envie de . . . . livre ?

c. Vous voyez . . . . maison là-bas ?

d. Tu habites . . . . quartier ?

e. Tu comprends . . . . mot ?

f. J'adore . . . . exposition.

g. Tu connais . . . . opéra ?

3 ■ « Ce » « cet » « cette » ou « un » « une » « le » « la » ?

*Ex. : J'habite à Nancy. – Oh ! c'est amusant, j'ai un très bon ami dans **cette** ville.*

a. Tu connais . . . . film ? – Oui, c'est . . . . film de François Truffaut.

b. Tu as . . . . numéro de téléphone de . . . . acteur espagnol ?

c. Je voudrais . . . . renseignement sur . . . . monument.

d. Je cherche l'adresse d' . . . . hôtel agréable.

e. Tu pars en vacances . . . . été ? – Oui, je fais . . . . tour du monde.

f. Tu vois . . . . maison ? C'est . . . . maison d' . . . . chanteuse célèbre.

4 ■ Comptez avec des titres de films. Complétez.

*Ex. : Au cinéma, je voudrais voir **La (1) première fois**.*

a. Le (2) . . . . souffle – **b.** La (2) . . . . épouse –
c. Le (3) . . . . homme – **d.** Le (4) . . . . protocole – **e.** Le (5) . . . .
élément – **f.** Le (6) . . . . sens – **g.** La (7) . . . . aube – **h.** Le (8) . . . .
jour – **i.** La (9) . . . . porte – **j.** La (10) . . . . victime – **k.** Le . . . . métro.

5 ■ Pour en savoir plus : posez les questions.

*Ex. : **Tu connais cette place ?** – Oui, c'est la place de la Comédie.*

a. . . . .

– Oui, c'est la maison de Pierre.

b. ....

– Oui, c'est le château de Versailles.

c. ....

– Oui, c'est l'adresse de Patrick.

d. ....

– Oui, c'est l'Hôtel des Bains.

e. ....

– Oui, ce sont des sculptures de Maillol.

écrit

6■ C'est ici !

Vous invitez des amis à la campagne. Vous leur indiquez l'itinéraire. Faites un plan puis décrivez le plan.

....

....

....

....

2 situer

vocabulaire

7■ Situez : complétez avec « devant », « derrière », « au bord de », « à côté de », etc.

a. L'hôtel est *au milieu du* parc. La piscine est .... l'hôtel. ...., il y a une cascade. Le tennis est .... l'hôtel.

b. .... l'hôtel, il y a deux fontaines et, ... route, il y a des arbres. Le parking est .... du parc de l'hôtel. Il faut traverser la route.

8■ Est, Ouest, Nord ou Sud ? Aidez-vous de la carte du livre et complétez.

*Ex. : La Vendée est une région de l'**Ouest**.*

a. La Bretagne est une région de ....

b. Lille est une ville du ....

c. Le Pont-du-Gard est un monument du ....

d. Les Vosges sont des montagnes de ....

9■ Sur la carte. Complétez à l'aide des mots de la liste.

Le Rhin est .... l'Alsace et l'Allemagne.

La Corse se trouve .... de la mer Méditerranée.

Genève est .... du lac Léman.

Avignon est .... de Marseille.

Toulouse est .... l'océan Atlantique et la mer Méditerranée.

Orléans est .... de Paris.

Roubaix est .... Lille.

au milieu – entre – à côté de – au nord – entre – au sud – au bord.

grammaire

10■ Répondez.

*Ex. : Où se trouve la cassette ? (au-dessus) – **Au-dessus** du magnétoscope.*

a. Où est le bureau du directeur ? *(en face)*

– .... la télécopie !

b. Je cherche la télécopie ? *(devant)*

– .... toi !

c. Pierre, tu habites où ? *(à côté)*

– L'appartement .... Julie.

d. Excusez-moi, le cinéma ? *(derrière)*

– .... vous.

écrit

11■ Dessinez le plan de votre quartier et situez votre immeuble, les commerces, l'école, la poste, les banques.

3 se loger

vocabulaire

12 ■ Choisissez un mot de la liste pour compléter.

*Ex. : Immeuble ou **maison** ?*

a. Studio ou . . . . ?

b. Ville ou . . . . ?

c. Centre ou . . . . ?

d. Mer ou . . . . ?

e. Isolé ou . . . . ?

banlieue – montagne – appartement – près du centre – campagne.

13 ■ Opposez à l'aide des mots de la liste.

*Ex. : ancien ≠ **moderne**.*

a. pratique ≠ . . . .

b. neuf ≠ . . . .

c. confortable ≠ . . . .

d. calme ≠ . . . .

e. clair ≠ . . . .

bruyant – sombre – peu pratique – inconfortable – vieux.

14 ■ Décrivez l'appartement ci-dessous. Trouvez les différentes pièces et situez-les.

*Ex. : On arrive dans **l'entrée**.*

À droite, il y a . . . .

et . . . . À gauche, on trouve

. . . . En face, on entre dans

. . . . et . . . . Le bureau

est à côté de . . . . et la chambre

est . . . .

grammaire

15 ■ Complétez avec les verbes entre parenthèses.

a. Patrick et Julie *(louer)* . . . . un appartement en ville ?

b. Vous *(acheter)* . . . . un appartement ?

c. Pierre et moi, nous *(acheter)* . . . . un studio à un informaticien.

d. – Tu *(vendre)* . . . . une maison à la campagne ? – Oui, nous *(vendre)* . . . .

e. – Vous *(habiter)* . . . . dans Paris ? – Oui, nous *(habiter)* . . . . dans une villa, cité des Fleurs.

f. – Qui *(louer)* . . . . cet appartement ? – Patrick et moi, nous *(louer)* . . . . cet appartement.

16 ■ Accordez les adjectifs.

Nous habitons un *(grand)* . . . . appartement dans une maison *(neuf)* . . . . La maison est *(isolé)* . . . . mais près du centre et la rue est *(calme)* . . . . Les pièces sont *(clair)* . . . . et *(confortable)* . . . . Et la salle de bains et la cuisine sont *(pratique)* . . . .

écrit

17■ Vous cherchez une maison, un studio ou un appartement pour les vacances. Écrivez à une agence.

....

....

....

....

18■ Vous voulez échanger votre maison, votre studio ou votre appartement. Rédigez l'annonce. (Vous précisez la ville, le lieu, le nombre de pièces, le confort, les autres qualités.)

....

....

....

....

4 exprimer la possession

vocabulaire

19■ Faites correspondre les situations et les dialogues.

1. Et ça c'est mon quartier ; voici ma maison et mon jardin.

2. Non, ça c'est à moi ; c'est mon cahier, c'est mon stylo et c'est mon dictionnaire.

3. Votre femme ? Oui, je vous présente Barbara, et voici mon fils et ma fille.

4. C'est ton collègue ? Oui, c'est notre informaticienne. Et elle ? Elle, c'est ma secrétaire.

5. On prend ta voiture ? Non on prend un taxi.

20■ Répondez.

*Ex. : C'est l'appartement de Barbara, Tristan et Pierre ? – **Oui, c'est leur appartement.***

a. C'est le manteau de la copine de Pierre ? – ....

b. C'est la maison de Patrick ? – ....

c. C'est ton dictionnaire ? – ....

d. C'est l'adresse de Maria ? – ....

e. C'est votre femme ? – ....

f. Ce sont les affaires de Barbara et Tristan ? – ....

21■ Complétez.

*Ex. : Dites, c'est **votre** maison, là ? – Non, ce n'est pas **ma** maison.*

a. Vous pouvez me donner .... numéro de téléphone ? – .... numéro de téléphone ? 01 45 87 44 00

b. Dis, quel est .... acteur préféré ? – .... acteur préféré est Antonio Banderas.

c. Tu habites avec .... amie ? – Oui, elle habite avec moi. .... appartement est à Montmartre.

d. Tu connais Barbara et Tristan ? Et tu connais .... maison ?

22■ Répondez.

*Ex. : C'est ton dictionnaire ? – **Oui, il est à moi.***
*C'est ton portable ? – **Non, il n'est pas à moi.***

a. Ce sont vos livres ? – Oui, ...

b. Ce sont leurs CD ? – Oui, ...

c. C'est le parfum de Barbara ? – Oui, ...

d. C'est son appartement ? – Oui, ...

e. C'est son stylo ? – Non, ...

f. Ce sont vos livres ? – Non, ...

g. Ce sont leurs affaires ? – Non, ...

23■ Répondez.

*Ex. : Ce portable est à toi ? – **Oui, c'est mon portable.***

a. Ce livre est à toi ? – Oui, ...

b. Ce stylo est à elle ? – Oui, ...

c. Ces affaires sont à vous? – Oui, ...

d. Ce dictionnaire est à moi ? – Oui, ...

e. Cette maison est à lui ? – Oui, ...

24 ■ Faites une affiche publicitaire pour votre ville ou votre région (sur le modèle de votre livre de classe).

....

....

....

....

5 connaître les rythmes de vie

25■ Classez les activités.

a. Activités professionnelles : ***partir au travail***, ...

b. Activités personnelles : ***dîner***, ...

c. Activités de loisirs : ***aller à la piscine***, ...

dîner − regarder la télévision − prendre son petit déjeuner − travailler − prendre une douche − partir au travail − se promener − faire du sport − faire des courses − déjeuner − se coucher − dormir − faire sa toilette − rencontrer un architecte − aller à la piscine − voir une exposition − voir le directeur − dîner avec des amis chez soi − aller au cinéma.

26■ Classez les actions dans l'ordre chronologique et remplacez les verbes par des noms.

revenir de Barcelone − prendre son petit déjeuner − se lever − prendre l'avion pour Barcelone − déjeuner − dîner − se coucher.

1. *lever* ; 2. ....
....
....
....
....

---

grammaire

27■ Répondez par « oui » ou par « non » et complétez.

*Ex. : Vous vous levez tôt ? − **Oui, je me lève tôt.***

a. Tu te couches tard ? − Oui, ...

b. Ils se reposent l'après-midi ? − Oui, ...

c. Barbara et toi, vous vous promenez le week-end ?

− Oui, ...

d. Nous nous rencontrons chez elle ?

− Non, ...

e. Tu t'appelles Barbara ?

− Oui, ...

28■ Dites-le autrement.

*Ex. : Tu te lèves tôt ? → **À quelle heure te lèves-tu ?***

a. Vous vous couchez tard ?

→ ....

b. Il s'appelle Pierre ?

→ ....

c. Nous nous promenons avec des amis.

→ ....

d. Ils se reposent l'après-midi.

→ ....

e. Elles se rencontrent chez moi.

→ ....

29■ Posez la question.

*Ex. : **Elle aime se lever tard ?** – Non, elle n'aime pas se lever tard.*

a. ....?
– Non, je ne veux pas me reposer.

b. ....?
– Non, nous ne devons pas vous appeler.

c. ....?
– Non, nous n'allons pas nous rencontrer.

d. ....?
– Non, elle ne peut pas s'habiller.

écrit

30■ Une journée bien remplie. Racontez votre journée habituelle. (Utilisez le vocabulaire des exercices 25 et 26.)

....

....

....

....

6 fixer des règles

vocabulaire

31 ■ C'est interdit.

*Il ne faut pas : **1. prendre des photos*** ....

....

....

grammaire

32■ Vous vous absentez quelques jours. Vous laissez une liste de conseils à vos enfants. Utilisez l'impératif comme dans l'exemple.

*Ex. : Il faut te lever tôt. → **Lève-toi tôt !***

a. Il faut prendre ta douche. → ....

b. Il faut t'habiller. → ....

c. Il faut aller à l'école. → ....

d. Il faut faire les courses. → ....

33■ Transformez.

Ex. : Il ne faut pas utiliser mon portable. → ***N'utilise pas mon portable !***

a. Il ne faut pas te réveiller tard.

→ ....

b. Il ne faut pas partir tôt.

→ ....

c. Il ne faut pas suivre cette route.

→ ....

d. Il ne faut pas prendre cette rue.

→ ....

e. Il ne faut pas voir ce film.

→ ....

f. Il ne faut pas t'asseoir ici.

→ ....

34■ Vous dites à un(e) ami(e) ce qu'il faut faire pour être en forme.

Pour être en forme :

(se lever tôt) → ***Levez-vous tôt.***

a. *(prendre un bon petit déjeuner)* → ....

b. *(faire du sport)* → ....

c. *(déjeuner léger)* : ....

d. *(ne pas sortir le soir)* → ....

e. *(bien dormir)* → ....

écrit

35■ Donnez des conseils.

a. Un(e) ami(e) part faire de la marche au Tibet. Donnez-lui huit conseils avant son départ.

....

....

....

....

....

b. Un ami veut faire du sport, donnez-lui des conseils.

(être en forme) → ***Il faut être en forme.***

se coucher tôt – boire de l'eau – manger léger – faire de la gymnastique – etc.

....

....

....

....

....

entraînement au DELF A1

Les épreuves orales de ces pages sont à faire en classe avec votre professeur : les documents sonores se trouvent dans les cassettes collectives de *Campus* et les séquences vidéo se trouvent sur la vidéo de *Campus*.

Compréhension de l'oral

1 **Regardez la vidéo et donnez la bonne réponse.** *(Unité 2, Renseignements)*

a. Quel est le prénom de la cliente ?

☐ Catherine.

☐ Dominique.

☐ Marie.

b. Quelles langues parle-t-elle ? ....

2 **Regardez la vidéo et cochez la bonne réponse.** *(Unité 4, Où est la rue Lepois ?, faire visionner jusqu'à « vous demandez »)*

a. À qui parle Pierre ?

☐ Une petite fille.   ☐ Une jeune femme.   ☐ Une femme âgée.

b. Le jeune homme cherche :

☐ L'avenue Lepois.   ☐ La rue Lepois.   ☐ La rue Lebois.

c. C'est à combien ? ....

3 **Regardez la vidéo et donnez la bonne réponse.** *(Unité 6, Un cadeau pour Julien)*

a. Pour qui est le cadeau ? ....

b. Combien d'objets la vendeuse propose-t-elle ?   ☐ 2   ☐ 1   ☐ 3

c. Qu'est-ce qui coûte 90 € ?

1.

2.

3.

d. Elles achètent   ☐ Un stylo.   ☐ Un tee-shirt.   ☐ Un réveil.

4 **Écoutez le document sonore et cochez la bonne réponse.**

Situation 1 *(enregistrement, page 24, faire écouter jusqu'à « un peu »)*

De quoi parlent-ils ?

☐ De vacances.

☐ De travail.

☐ De loisirs.

Situation 2 *(enregistrement, page 34)*

Qui est mort au vingtième siècle ?

☐ Napoléon 1er.

☐ Charles de Gaulle.

☐ Louis XIV.

Situation 3 *(enregistrement, page 43)*

Qui parle ?

☐ Un professeur et son élève.

☐ Deux collègues.

☐ Deux lycéennes.

☐ Une mère et sa fille.

Production orale

Étape 1

À partir des informations pages 20 et 25 du Livre de l'élève, présentez Dominique Marie.

Étape 2

À deux, posez-vous des questions à partir des images suivantes :

Exemple :

Vous aimez lire ? Vous lisez beaucoup ? Qu'est-ce que vous lisez ? Quel est votre livre préféré ?

À vous !

Étape 3

À deux, jouez les rôles du client et du vendeur, dans les situations présentées en photos, page 33 du Livre de l'élève (au cinéma, à la gare).

Compréhension des écrits

1 Lisez la petite annonce suivante et répondez aux questions en cochant la bonne réponse.

Recherche jeune femme ou jeune homme
pour guider les touristes
pendant la saison d'été,
tous les après-midi, du lundi au dimanche.
S'adresser à **l'office du tourisme de Vichy**,
4, rue Lucas ou téléphoner **au 04-70-30-25-43**

a. Vous allez travailler :
   ☐ Tous les jours excepté le dimanche.
   ☐ Seulement pendant la semaine.
   ☐ Tous les jours.

b. Pour demander des informations :
   ☐ Il faut aller à l'office du tourisme.
   ☐ On doit appeler l'office du tourisme.
   ☐ On peut appeler ou aller à l'office du tourisme.

c. L'annonce est pour :
   ☐ Tout le monde.
   ☐ Des jeunes.
   ☐ Des hommes.

2 Lisez le document et donnez la ou les bonne(s) réponse(s).

**Mardi 1ᵉʳ novembre, le cabinet médical sera ouvert
le matin de 8 h 30 à 12 h.
En cas d'urgence,
appelez le SAMU au 04-73-41-23-17 ou allez directement à l'hôpital :
1, boulevard Gambetta à Riom, au service des consultations.**

a. De 13 h à 19 h, si vous êtes malade, vous pouvez :
   ☐ Aller à l'hôpital.
   ☐ Aller chez le médecin.
   ☐ Téléphoner au SAMU.

b. Vous pouvez aller chez le médecin :
   ☐ L'après-midi.
   ☐ Le matin.
   ☐ Jusqu'à midi.

c. À l'hôpital, vous allez au service des ....

3 Lisez le courriel et complétez le tableau.

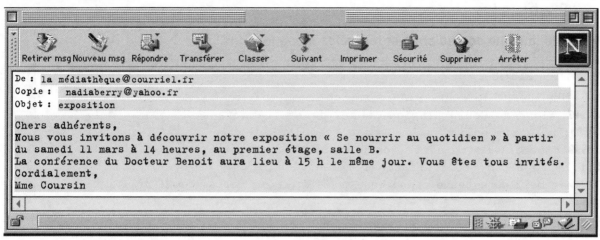

De : la médiathèque@courriel.fr
Copie : nadiaberry@yahoo.fr
Objet : exposition

Chers adhérents,
Nous vous invitons à découvrir notre exposition « Se nourrir au quotidien » à partir
du samedi 11 mars à 14 heures, au premier étage, salle B.
La conférence du Docteur Benoit aura lieu à 15 h le même jour. Vous êtes tous invités.
Cordialement,
Mme Coursin

Événement	....
Date	....
Heure d'ouverture	....
Lieu	....
Conférencier	....

4 Lisez le texto et répondez en cochant
ou en écrivant la bonne réponse.

a. Qui reçoit le texto ? ....

b. Marie va au supermarché :

☐ Avant l'école.

☐ Après l'école.

☐ À midi.

c. Qui veut faire des crêpes ? ....

MARIE,
PEUX-TU ALLER AU SUPERMARCHÉ
AVANT DE RENTRER DE L'ÉCOLE ?
J'AIMERAIS FAIRE DES CRÊPES.
ACHÈTE DE LA FARINE, DES ŒUFS
ET DU LAIT.

MAMAN

Production écrite

1 Vous vous inscrivez à un club de danse, remplissez la fiche d'inscription.

Nom : ....

Prénom : ....

Âge : ....

Adresse : ....

Danse(s) choisie(s) : ....

Jour(s)/ heures choisis : ....

2 Vos cours vous laissent peu de temps libre. Écrivez un message à votre sœur où vous lui demandez
de faire vos courses.

....

....

....

....

1 dire ce qu'on fait

vocabulaire

1 ■ Lisez le CV de la jeune comédienne et répondez aux questions.

```
Sandrine TITOU
Comédienne, 23 ans
1994-1997 : élève du Cours Florian, cours d'art dramatique
1997-1998 : téléfilm policier La Menace (secrétaire)
1998-1999 : cinéma : Grand Hôtel (chanteuse)
2000 : film La Leçon (rôle principal : l'étudiante)
2001 : César meilleure jeune comédienne pour Un été à Paris (femme politique)
```

a. Quand Sandrine Titou a-t-elle été élève du Cours Florian ?

....

b. Dans quel téléfilm a-t-elle eu son premier rôle ?

....

c. Quel a été son premier métier au cinéma ?

....

d. Quel rôle a-t-elle joué dans *La leçon* ?

....

e. Pour quel film a-t-elle eu le César de la meilleure jeune comédienne ?

....

grammaire

2 ■ Racontez la journée d'Arnaud en complétant le texte.

Hier, j'**ai travaillé** jusqu'à 19 h. J'ai *(faire)* .... la traduction du logiciel. À 13 h, j'ai *(déjeuner)* .... avec un client. Puis j'*(lire)* .... le nouveau projet. À 16 h, j'*(voir)* .... ma directrice et nous *(regarder)* .... le nouveau logiciel. Elle *(trouver)* .... le logiciel très bien. Moi aussi j'*(bien aimer)* ....

3 ■ Répondez.

*Ex. : Vous avez trouvé un appartement ? – **Non, je n'ai pas trouvé d'appartement.***

a. Vous avez travaillé hier ?

– Non, ...

b. Il a rencontré les nouveaux commerciaux ?

– Non, ...

c. Tu as vu le nouveau film de Luc Besson ?

– Non, ...

d. Ils ont fini la leçon ?

– Non, ...

4 ■ Trouvez les questions.

*Ex. : **Vous avez rencontré Desnoyer ?** – Oui, j'ai rencontré Desnoyer.*

a. ....?

– Oui, j'ai entendu le concert.

b. ....?

– Elle a visité le Salon avant-hier.

c. ....?

– J'ai vu la nouvelle exposition à Paris.

d. ....?

– Nous avons bien aimé le film.

écrit

5■ Racontez le voyage.

1er juillet : visite du château de Versailles

2 juillet : *Carmen* à l'opéra

3 juillet : exposition Picasso

4 juillet : bateau sur la Seine

5 juillet : départ par le TGV pour Marseille

6 juillet : rencontre avec mon ami Tristan

7 juillet : match de football de l'OM.

....

....

....

....

....

....

....

6■ Vous êtes en vacances... Vous écrivez vos impressions à vos amis, parents (où ? quand ? quoi ?).

....

....

....

....

2 s'informer sur un emploi du temps passé

vocabulaire

7■ Classez les verbes de la liste.

a. Verbes qui expriment le mouvement : ***se promener***, ...

b. Verbes qui expriment le temps : ....

se réveiller – venir – aller – se promener – mourir – rentrer – se passer – sortir – arriver – rester – descendre – naître.

grammaire

8■ Complétez avec les verbes entre parenthèses.

Je *(se réveiller)* .... à 6 heures. Je *(s'habiller)* .... et je *(sortir)* ....
Avec Pierre, nous *(se promener)* .... dans la montagne. Nous *(arriver)* .... au
sommet vers 8 heures. Nous *(rentrer)* .... vers 9 heures Je *(se laver)* .... puis je
(aller prendre) .... un petit déjeuner au café.

9■ Posez la question à l'aide de « quand ? », « comment ? », « où ? », etc.

*Ex. : **Quand** s'est-il réveillé ? – Il s'est réveillé à 6 heures.*

a. ....

– Il s'est promené au bord de la mer.

b. ....

– Je me suis couché tôt.

c. ....

– Nos vacances se sont bien passées.

d. ....

– Ils se sont rencontrés il y a deux ans.

e. ....

– Nous nous sommes connus au bureau.

10■ Répondez.

*Ex. : Tu es allé en Italie ? – **Non, je ne suis pas allé en Italie.***

a. Vous avez rencontré mon directeur ?

– Non, ...

b. Il a écouté le nouveau disque de Manu Chao ?

– Non, ...

c. Elle est mariée ?

– Non, ...

d. Vous vous êtes promenés au bord de la mer ?

– Non, ...

e. Tu as appelé l'hôtel ?

– Non, ...

écrit

11 ■ Que s'est-il passé ? Racontez.

....

....

....

....

....

....

expliquer

vocabulaire

12 ■ Classez les activités.

a. Activités sportives : *judo*, ...

b. Activités culturelles : ....

c. Activités sociales : ....

judo – piano – football – peinture – basket – cinéma – danse – éducation religieuse – lecture – piscine.

13 ■ Qu'est-ce que tu fais ? Répondez.

Ex. : Judo : – Je fais du judo.

a. Piano : – .... **e.** Exposition : – ....

b. Lecture : – .... **f.** Leçon : – ....

c. Cinéma : – .... **g.** Vidéo : – ....

d. Piscine : – .... **h.** Disque : – ....

grammaire

14 ■ Répondez.

Ex. : Pourquoi Pascal va chez le médecin ? (malade) – Parce qu'il est malade.

a. Pourquoi Pierre visite Nancy ? *(habiter)*

....

b. Pourquoi Stéphane parle en espagnol à Inès ? *(comprendre)*

....

c. Pourquoi Bruno part en vacances ? *(fatigué)*

....

d. Pourquoi Marie rentre tard le soir ? *(beaucoup travailler)*

....

e. Pourquoi Brigitte s'est levée tôt ? *(partir en voyage)*

....

15 ■ Trouvez la bonne raison. Aidez-vous de la liste.

Ex. : Pourquoi Céline part aux États-Unis ? – Pour apprendre l'anglais.

a. Pourquoi Patrick va au restaurant ?

....

b. Pourquoi Stéphane préfère rester à la maison ?

....

c. Pourquoi Lise téléphone à Daniel ?

....

d. Pourquoi Bruno invite ses amis ?

....

e. Pourquoi Patrick va au Salon ?

....

s'excuser d'être en retard – regarder la télévision – déjeuner avec son directeur – faire la fête – montrer un nouveau logiciel.

16■ « Pour » ou « parce que » ? (Revoyez les leçons 5.1 et 5.2.)

a. Pourquoi Arnaud connaît le nouveau commercial de Technimage ?

....

b. Pourquoi Stéphane a appelé Céline ?

....

c. Pourquoi Stéphanie est rentrée à 7 heures ?

....

d. Pourquoi Alain s'est levé à 7 heures ?

....

e. Pourquoi est-elle restée à l'hôtel ?

....

écrit

17■ Imaginez pourquoi et pour quoi faire.

Non, je ne peux pas partir en vacances ....

....

Non, je n'ai pas présenté le nouveau logiciel ....

....

Non, je n'ai pas rencontré Stéphanie ....

....

4 exprimer le doute ou la certitude

vocabulaire

18■ « Possible » ou « impossible » ?

*Ex. : Ce soir nous vous invitons. – **Impossible**, nous allons au cinéma.*

a. Quand venez-vous ?

– Mardi, c'est ....

b. Tu as rencontré Patrick à Paris il y a deux ans ?

– ...., je ne suis pas allé à Paris il y a deux ans.

c. Tu viens faire les courses avec moi ?

– ...., je vais jouer au tennis.

d. Vous allez en Espagne cet été ?

– ...., nous avons envie de soleil.

e. On déjeune ensemble demain ?

– .... mais vers 13 h 30.

grammaire

19■ Répondez à l'aide de « rien » ou « personne ».

*Ex. : Tu connais quelqu'un ici ? – **Non, personne.***

a. Vous avez rencontré quelqu'un ?

– Non, ...

b. Elle a entendu quelque chose ?

– Non, ...

c. Tu as vu quelque chose ?

– Non, ...

d. Il a parlé à quelqu'un ?

– Non, ...

e. Tu entends quelque chose ?

– Non, ...

20■ Répondez avec « ne ... rien » ou « ne ... personne ».

*Ex. : Tu as vu quelqu'un ? – Non, je **n'**ai vu **personne**.*

a. Elle a compris quelque chose ?

– Non, ...

b. Il habite avec quelqu'un ?

– Non, ...

c. Vous avez écrit quelque chose ?

– Non, ...

d. Tu as loué quelque chose cet été ?

– Non, ...

e. Vous avez appelé quelqu'un ?

– Non, ...

21■ Complétez avec : « sûr », « certain », « possible », « impossible », « peut-être ».

*Ex. : Il vient, c'est sûr ? – **Sûr et certain** !*

a. – ...., tu ne restes pas toute la semaine ? – Non, ..., je dois rentrer travailler au bureau.

b. – J'ai téléphoné à la production. ...., le film se tourne en juillet.

c. – Vous vendez votre maison ? – ...., on ne sait pas encore.

d. – Elle peut vous rappeler la semaine prochaine ? – Oui, ...

e. – Je vous dis : c'est lui, c'est .... et .... – Non, ...

f. – Vous restez ? – ....

écrit

22■ Imaginez le dialogue.

Première réplique : « Tu m'aimes ? »
Dernière réplique : « Je ne sais pas, peut-être. »

....

....

....

....

....

....

5 faire des mots avec des mots

vocabulaire

23■ Trouvez le nom correspondant en *−ment*.

*Ex. : commencer → **un commencement**.*

a. habiller → ....

b. renseigner → ....

c. loger → ....

d. ranger → ....

24■ Trrouvez le nom correspondant en *−tion*.

*Ex. : continuer → **la continuation**.*

a. habiter → ....

b. inviter → ....

c. répéter → ....

d. appeler → ....

e. adorer → ....

f. louer → ....

g. nager → ....

h. préparer → ....

25■ Qui fait quoi ?

QUI ?	FAIT ?	QUOI ?
présentateur	*présenter*	*une présentation*
		une direction
	entreprendre	
producteur		
		une assurance
	peindre	
	traduire	
		une recherche
	skier	
		la natation
	marcher	

26■ Faites correspondre les annonces avec les lieux où elles ont été vues.

a. « À vendre deux pièces. Belle vue. » •   • **1.** dans un restaurant

b. « Fermé dimanche et lundi. » •   • **2.** dans une agence de voyages

c. « Déjeuner à toute heure. » •   • **3.** dans un aéroport

d. « Départ 8 h ; retour 19 h » •   • **4.** dans un journal

e. « Point de rencontre. » •   • **5.** dans un magasin

27■ Quel programme ! Racontez.

> Arrivée Rio le 28.
> Rencontre avec la famille Dos Santos.
> Déjeuner avec la famille.
> Promenade à Copacabana.
> Téléphérique pour le Pain de Sucre.
> Montée au Corcovado.
> Traversée de la baie en bateau.
> Invitation le soir des Dos Santos
> au restaurant.
> Retour très tard à l'hôtel.
> Départ pour Buenos Aires le 30.

Souviens-toi, nous sommes arrivés à Rio le 28 .....
....
....
....
....
....
....
....
....

écrit

28■ Que s'est-il passé entre ces trois images ?

....
....

6 savoir si...

vocabulaire

29■ Où demande-t-on :

Ex. : l'heure de départ du train ? ***à la gare.***

a. Où se trouvent le château et le musée ? ....

b. Pour aller à Naples, vous avez un vol ? ....

c. J'aimerais louer un appartement de trois pièces : ....

d. Quelles études de langue je peux faire ? ....

e. Où est la présentation du logiciel ? ....

f. Vous avez une chambre d'hôtel pour cette nuit ? ....

bureau de tourisme – agence immobilière – accueil de l'hôtel – point information – agence de voyages – centre d'information et de documentation.

30■ Internet, c'est facile ! Complétez avec les mots de la liste.

Ex. : En français, ***le web c'est la toile****.*

a. Voici mon .... : *maria@vuef.fr*.

d. Tu peux m'envoyer .... ?

b. Pour naviguer, j'utilise ....

e. Je n'ai pas .... pour lire cette image.

c. Mon .... préféré est www. fdlm.org.

f. Tu as oublié de saisir ....

le code d'accès – la souris – site – adresse électronique – le logiciel – un mél.

grammaire

31 ■ Complétez avec « si », « quand », « quel », « où », « comment », « pourquoi ».

Je voudrais savoir :

   si tu pars dimanche ?

a. . . . . se trouve le musée Chagall ?   **d.** . . . . il s'appelle ?

b. . . . . nous pouvons travailler ensemble lundi ?   **e.** . . . . tu viens aussi tard ?

c. . . . . elle rentre de voyage ?   **f.** . . . . est ton sport préféré ?

32 ■ Demandez.

Ex. : ce train (aller à Lyon) → ***Est-ce que ce train va à Lyon ?***

a. La place de la Comédie. (*se trouver*)

. . . .

b. Le nom du nouveau directeur. (*s'appeler*)

. . . .

c. Le moment de départ de votre amie. (*partir*)

. . . .

d. Le film à aller voir. (*avoir envie de...*)

. . . .

e. La cause du retard. (*être en retard*)

. . . .

33 ■ Posez la question à la forme indirecte.

Ex. : Est-ce que le musée du Louvre est ouvert le mardi ? → ***Je voudrais savoir si le musée du Louvre est ouvert le mardi.***

a. La station de métro « Porte des Lilas » se trouve où ?

→ . . . .

b. Tu rentres de vacances quand ?

→ . . . .

c. La présentation, ça s'est passé comment ?

→ . . . .

d. Tu n'es pas venu hier, pourquoi ?

→ . . . .

écrit

34 ■ Vous écrivez pour demander des renseignements complémentaires.

À louer

**Belle maison, quatre pièces meublées ;
espace vert ; vue sur la mer ;
proche des plages.**

. . . .

. . . .

. . . .

. . . .

. . . .

se faire plaisir

1 acheter

vocabulaire

1■ Dans quel rayon d'un grand magasin trouver :

*Ex. : un livre ? **librairie**.*

a. un parfum ? ....

b. une sculpture ? ....

c. un stylo ? ....

d. un CD ? ....

e. une vidéo, un DVD ? ....

f. un jeu ? ....

g. un cédérom ? ....

h. une montre ? ....

i. un bijou ? ....

j. un T-shirt ? ....

multimédia – papeterie – objets d'art – librairie – parfumerie – jouets – vêtements – bijouterie – disques – vidéo.

2■ Associez chaque nom à un ou plusieurs adjectifs.

a. Un livre **excellent**, ...

b. Un parfum ....

c. Un tableau ....

d. Un T-shirt ....

e. Un stylo ....

f. Un jeu ....

g. Un bijou ....

sympathique – excellent – bizarre – important – nouveau – joli – beau – grand public – ancien – moderne – confortable – original – différent – amusant.

3■ Trouvez le bon ordre (numérotez de 1 à 8) pour prendre de l'argent à un distributeur automatique.

☐ Introduire la carte   ☐ Faire son code

☐ Patienter   ☐ Choisir le montant

☐ Retirer la carte   ☐ Merci de votre visite

☐ Ne pas oublier les billets   ☐ Bienvenue

grammaire

4■ Complétez avec « le même », « les mêmes », « différent »...

*Ex. : 2 juin 1975, 2 juin 1945, ils sont nés **le même** jour mais pas **la même** année.*

a. 28 rue Alexandre-Dumas / 33 rue Alexandre-Dumas, ils habitent .... rue mais pas

.... numéro.

b. 19,50 € / 19,50 €, ils coûtent .... prix.

c. Robe rouge, veste noire / robe rouge, veste noire, elles portent .... vêtements.

d. Windows / Linux, ils travaillent sur des logiciels ....

e. Architecte à Strasbourg / architecte à Genève, ils ont .... profession mais dans des villes

....

f. Séances à 18 h, 20 h, 22 h / Séances à 18 h 15, 20 h 15, 22 h 15, ce sont des horaires ....

5■ « Très », « trop », « pas assez ». Comment trouvez-vous :

*Ex. : Titanic ? C'est un **très** beau film mais **trop** triste.*

a. Gérard Depardieu ? C'est un acteur .... célèbre mais il fait .... de films.

b. Paris ? Paris est une .... belle ville mais .... bruyante et .... propre.

c. Votre professeur(e) ? Elle est .... sympathique mais .... sévère.

d. La présentation ? La présentation est .... claire mais .... pratique.

e. Le quartier ? Le quartier est .... isolé.

6■ Faites comme dans l'exemple.

*Ex. : Je voudrais **un autre** parfum, enfin **le même** mais un peu **différent**.*

a. J'ai acheté .... voiture, enfin .... mais un peu ....

b. Je cherche .... secrétaire, enfin .... mais un peu ....

c. J'ai trouvé .... amis, enfin .... mais un peu ....

d. Je voudrais .... acteur, enfin .... mais un peu ....

écrit

7■ Faites la liste des achats à faire à la fin de la semaine. Classez-les par type de produits.

....

....

....

....

....

2 décrire les choses

vocabulaire

8■ Complétez avec les expressions de la liste.

*Ex. : Le Rouge et le Noir est **un roman**.*

a. *Le Grand Bleu* est ....

b. La lune est bleue comme une orange est ....

c. Les Verts sont ....

d. *Rouge* est ....

e. Noir Désir est ....

une phrase de poème − le titre d'un film − un groupe de rock − un parti politique − le titre d'un journal gauchiste.

9■ Trouvez la signification des expressions.

*Ex. : Il voit tout en noir → **il est pessimiste**.*

a. Il est blanc comme neige → ....

b. Elle voit la vie en rose → ....

c. Il est fleur bleue → ....

d. Il a des idées noires → ....

e. Il est vert → ....

il/elle est romantique − optimiste − jaloux/jalouse − honnête − dépressif/dépressive.

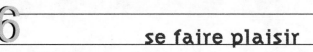

10■ Trouvez le verbe qui correspond aux noms et aux adjectifs.

Ex. : rond → ***arrondir.***

a. lourd → ....

b. large → ....

c. le poids → ....

d. grand → ....

e. gros → ....

f. la mesure → ....

g. le coût → ....

11■ Associez un objet et un matériau.

a. une montre ....   **1.** en béton

b. un parquet ....   **2.** en bois

c. un mur ....   **3.** en verre

d. une table ....   **4.** en papier

e. un immeuble ....   **5.** en pierre

f. un sac ....   **6.** en or

grammaire

12■ Écrivez la question.

*Ex. : **De quelle couleur est cette voiture ?** – Cette voiture est rouge.*

a. ....

– Ce sac pèse dix kilos.

b. ....

– La piscine est longue de 25 mètres.

c. ....

– Elle a un mètre cinquante de profondeur.

d. ....

– Cette bibliothèque fait 2,20 m de haut, 4,50 m de long et 35 cm de profondeur.

e. ....

– Ce restaurant est bon marché et délicieux.

écrit

13■ Comment comprenez-vous ces expressions ?

a. Le silence est d'or : ....

b. Je suis resté de marbre : ....

c. J'ai un moral d'acier : ....

d. Je touche du bois : ....

e. J'ai une santé de fer : ....

f. J'ai dormi d'un sommeil profond : ....

3 s'habiller er

14■ Que voyez-vous dans chacune des vitrines ?

. . . .

. . . .

15■ Qu'est-ce qu'ils mettent ?

Il s'habille :

a. pour aller au travail : il porte **un pantalon**.

b. pour aller faire du sport : il porte . . . .

Elle s'habille :

c. pour aller à la plage : elle porte . . . .

d. pour un cocktail : elle porte . . . .

16■ Complétez à l'aide des verbes de la liste.

La journée, le soir, en week-end, j'aime . . . . souvent de vêtements. J' . . . . mes

vêtements dans des boutiques à la mode. Le week-end, je . . . . décontracté. En semaine, je

préfère . . . . un costume pour les rendez-vous de travail. Le soir, je . . . . et je

. . . . un pantalon et un polo.

acheter – mettre – s'habiller – changer – se changer – porter.

17■ Complétez en accordant l'adjectif.

a. Elle aime les *(vieux)* . . . . maisons, les *(beau)* . . . . voitures, les *(grand)*
. . . . piscines, les films *(bizarre)* . . . ., les peintures *(original)* . . . .

b. Il aime les *(bon)* . . . . bouteilles, les objets *(curieux)* . . . ., les *(petit)*
. . . . villes, les fêtes *(amusant)* . . . ., les *(nouveau)* . . . . tendances,
les *(joli)* . . . . femmes.

18■ Mettez à la bonne place et accordez.

Ex. : Elle porte une robe (beau/belle) → *Elle porte une **belle** robe.*

a. Elle porte des jupes *(court)* . . . ., des chaussures *(beau/belle)* . . . .,
un pull *(noir)* . . . ., un manteau *(grand)* . . . ., un collier *(original)*

. . . .

b. Il porte un pantalon *(étroit)* . . . ., une cravate *(nouveau)* . . . ., une

veste *(vieux)* . . . ., une montre *(amusant)* . . . .

19■ « Très » ou « trop » ?

Pour moi, le velours est .... tendance, la soie est .... légère, le coton
est .... agréable à porter, la laine est .... chaude en été et le cuir
.... épais. Le soir, j'aime les vêtements .... décontractés et pour les fêtes
je cherche des tenues .... démodées mais pas .... excentriques.

écrit

20■ Vous venez d'assister à un défilé de mode. Racontez ce que vous avez vu.

....
....
....
....

4 exprimer la quantité

vocabulaire

21 ■ J'achète, je bois, je mange. Complétez.

a. Au supermarché, j'achète **de l'eau minérale**, ...
b. Au café, je bois ....
c. Au restaurant, je mange ....

22■ Classez les éléments suivants.

a. Boissons : thé, ...
b. Plats ....
c. Desserts : ....
thé – ananas – viande – poisson – bière – tarte – café – glace – fruits – riz – eau – lait – pâtes.

23■ Qu'est-ce que vous allez manger aujourd'hui à midi ?

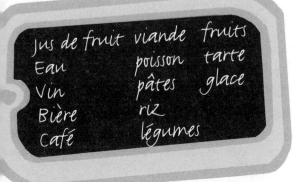

Jus de fruit   viande   fruits
Eau   poisson tarte
Vin   pâtes   glace
Bière   riz
Café   légumes

....
....
....
....
....
....
....

24■ Complétez avec un verbe de la liste (attention : plusieurs réponses sont possibles dans certains cas).

a. On .... à midi ou on .... ce soir ensemble ?

b. À midi, vous .... de l'eau ou du vin ? – À midi, nous .... de l'eau.

c. Le matin, tu .... un petit déjeuner complet ? – Non, je .... un thé et je pars.

d. Comme dessert, vous .... ? – Une glace.

e. J' ...., je peux .... encore un dessert ?

f. Tu .... ? Qu'est-ce que tu ...., bière ou Coca ?

g. Tu .... la tarte ? – Oui, elle .... délicieuse.

h. Vous .... la viande ou le poisson ? – J'aime bien le poisson.

déjeuner – dîner – boire – prendre – avoir faim – avoir soif – aimer – préférer – vouloir – choisir – être.

25■ Complétez avec le bon article.

a. Je voudrais .... thé. Je préfère .... thé.

b. – Est-ce que vous voulez .... café ? – Non, ... bière, s'il vous plaît.

c. J'aime bien .... gâteaux, surtout .... tarte à l'ananas.

d. Moi, je préfère prendre .... glace à la fraise.

e. À midi, je mange .... fruits et je bois .... lait.

f. – C'est pour qui .... fromage ? – Pour moi.

26■ Complétez avec « un peu de », « quelques », « beaucoup de », « pas de ».

a. Vous voulez encore .... dessert ? – Oui, merci.

b. Vous mangez .... poisson ? – Oui, ... mais je ne mange .... viande.

c. Vous faites .... musique ? – Oui, je fais .... musique tous les matins.

d. Vous faites .... sport ? – Oui je fais du tennis, de la natation, du football, du judo.

e. Vous avez .... bijoux ? – J'ai .... colliers, ... bracelets mais .... montre.

écrit

27■ Donnez la recette de votre cocktail préféré.

....

....

....

....

....

....

....

5 manger et boire

28■ Classez les mots de la liste par catégories.

a. Une entrée : *salade*, ...

b. Un plat : *poisson*, ...

c. Un dessert : *glace*, ...

poisson – poire – crudités – côtelettes de porc – gâteau au chocolat – thon à la tomate – pâtes – jambon – yaourt – choucroute – omelette – salade – biscuits – côtelettes d'agneau – tarte aux pommes – soupe – raisin – champignons – rôti de bœuf – frites – banane – petits pois.

29■ Dans la liste de l'exercice 29, quels sont les aliments préférés au Nord et ceux préférés au Sud ?

Au Nord : *jambon*, ...

Au Sud : *salade*, ...

30■ Éliminez l'intrus.

Ex. : jambon, côtelette de porc, ~~choucroute~~, rôti de bœuf.

a. champignons, frites, petits pois, yaourt

b. pâtes, riz, omelette, pizza

c. pomme, poire, raisin, pomme de terre

e. tarte à la banane, glace, jus d'orange, gâteau au chocolat

d. eau, soupe, bière, vin

31■ Cuit ou cru ?

Cuit : ....

Cru : ....

Cru ou cuit : ....

soupe – pomme – gâteau – salade – poisson – champignons – haricots verts – raisin – rôti de bœuf – thon – œufs – maïs – fraises – tomates.

32■ Sucré ou salé ?

Sucré : ....

Salé : ....

Sucré ou salé : ....

pomme – tarte à l'ananas – thon – porc – soupe de légumes – biscuit – tomates – gâteau à la chantilly – poulet – pizza – côtelettes d'agneau – glace.

33■ Formulez ces conseils autrement.

Ex. : Il faut savoir passer du temps à table. → *Prenez du temps pour manger.*

a. Il faut savoir combiner plaisir et équilibre.

→ ....

b. Il faut savoir manger de tout.

→ ....

c. Il faut savoir prendre le temps de faire un vrai repas.

→ ....

d. Attention aux bons petits plats : vous devez faire du sport.

→ ....

34■ Élaborez un menu pour deux personnes avec les éléments suivants.

Vous avez 2 yaourts, 300 g de fraises, 2 poissons, du riz, 4 tomates, 100 g de haricots verts, 1 salade, 200 g de petits pois et huile, vinaigre, sel, poivre, sucre.

Entrée : ....

Plat principal : ....

Légume : ....

Dessert : ....

6 faire la fête

vocabulaire

35■ Observez les photos et classez les fêtes par genres.

Nom de la fête	Type	Lieu
....	....	Paris
....	....	Avignon
....	....	Bretagne

36■ Qu'est-ce qu'ils disent ?

a) Joyeuses Pâques !

b) Joyeux Noël !

c) Bon anniversaire !

d) Bonne année !

e) On a gagné !

f) À ta santé !

❺ **31** Décemb...

3 Décembre

1er Janvier

grammaire

37■ Posez la question.

*Ex. : **On fait toujours la fête pour la Saint-Jean ?** – Non, on ne fait plus la fête.*

a. ....?

– Non, on ne joue plus la pièce.

b. ....?

– Non, elle n'habite plus à Paris.

c. ....?

– Non, nous ne travaillons plus dans la société de production.

d. ....?

– Non, je ne pars plus en voyage pour le travail.

e. ....?

– Non, je ne fais plus de sport.

38■ Répondez.

*Ex. : Tu vas encore en boîte ? – **Non, je ne vais plus en boîte.***

a. Elle va encore à la campagne ?

– Non, ...

b. Il vend encore des logiciels ?

– Non, ...

c. Elle fait encore des études ?

– Non, ...

d. Tu aimes encore faire la fête ?

– Non, ...

e. Vous avez encore du temps pour voyager ?

– Non, ...

écrit

39■ Souvenirs de 14 juillet.

Voici les impressions de Véra écrites dans son carnet :

> « Jolie place ; bal très joyeux ; danses très variées ; les gens chantent, dansent ; on boit beaucoup.
> Beaucoup de jolis garçons, des Italiens, des Espagnols, des Mexicains, des Grecs, des Portugais,
> des Allemands, des Brésiliens et bien sûr des Français.
> Orchestre déguisé ; feux d'artifice, pétards… La fête quoi ! oui, Paris est une fête.
> Olivier (portable : 06 47 66 36 43) »

Avec les notes de Véra, vous faites le récit de cette soirée.

....

....

....

....

1 recevoir

vocabulaire

1 ■ « Tu » ou « vous » ?

	TU	VOUS
a. Le père et le fils discutent.	☐	☐
b. Deux amies se retrouvent dans un café.	☐	☐
c. Un cadre commercial va voir un client.	☐	☐
d. Vous allez chez le médecin.	☐	☐
e. Une fille de 18 ans rencontre un garçon de 19 ans dans une discothèque.	☐	☐
f. Deux collaborateurs d'une même société travaillent ensemble sur le même projet.	☐	☐

2 ■ Barrez la mauvaise réponse.

Ex. : Dis, Catherine, je peux | te | ~~vous~~ | *tutoyer ?*

a. Je peux vous rencontrer demain, s'il | vous | te | plaît ?

b. Salut, je | vous | t' | appelle ce soir.

c. Tu es libre ? Je peux | t' | vous | inviter demain ?

d. Allô, c'est vous, Jérôme ? Comment | tu vas ? | allez-vous ? |

e. – On peut se tutoyer ? – | Si tu veux. / | Si vous voulez. |

grammaire

3 ■ Complétez avec un pronom.

*Ex. : C'est l'entreprise de Gilles. Je **la** dirige.*

a. Sylvie écrit des articles dans *Les Nouvelles de l'Ouest* Jérôme .... lit.

b. Jérôme connaît Sylvie. Il .... présente à Gilles.

c. Sylvie rencontre Jérôme. Elle .... salue.

d. Jérôme remercie Lucas pour le disque de son chanteur préféré : « Je .... aime beaucoup. »

e. Gilles parle à Sylvie ; Sylvie .... écoute et .... trouve amusant.

f. Jérôme fait attention à Sylvie. Il .... connaît bien.

4 ■ Écrivez la question.

*Ex. : **Tu lis ses articles ?** – Oui, je les lis.*

a. ....?

– Je te présente Jérôme.

b. ....?

– Oui, je la connais.

c. ....?

– Oui, je les vends.

d. ....?

– Oui monsieur, je l'appelle demain.

e. ....?

– Oui, elle nous aime beaucoup.

f. ....?

– Oui, je les veux.

5■ Formulez la réponse.

*Ex. : Tu l'écoutes souvent ? – **Non, je ne l'écoute pas souvent.***

a. Tu le vois seul ?

– Non, ...

b. Elle t'invite le dimanche ?

– Non, ...

c. Il la cherche toujours ?

– Non, ...

d. Elle vous a parlé ?

– Oui, ...

e. Tu m'as appelé ?

– Non, ...

écrit

6■ Rédigez l'invitation (au choix) :

– pour une fête de famille ; pour votre anniversaire ; pour une fête des étudiants de votre classe.

Vous choisissez le support (lettre, carton, affiche, envoi de mél) et vous rédigez le texte.

. . . .

. . . .

. . . .

. . . .

communiquer

vocabulaire

7■ Ces expressions disent la même chose. Faites-les correspondre.

a. Ça va ?

b. Et ça c'est pour toi.

c. Ça me fait très plaisir.

d. Pardon.

e. Enchanté.

f. À bientôt.

1. Excusez-moi.

2. Heureux de faire votre connaissance.

3. Comment allez-vous ?

4. Voici un petit cadeau pour toi.

5. On s'appelle.

6. Merci beaucoup.

8■ On peut le dire autrement.

« Oh ! pardon ».
« Je vous demande pardon ».

Je vous demande pardon.

– . . . .

Oh ! Ce n'est pas raisonnable.

– . . . .

Mr. X. Mme Y…

– . . . .

grammaire

9■ Complétez avec un pronom.

*Ex. : Il **me** demande des conseils ; je **lui** réponds.*

a. Il revient du salon et il .... raconte comment ça s'est passé.

b. Je .... téléphone toujours à son bureau.

c. Pour sa fête, elle .... offre une montre.

d. Tu .... parles souvent ? Ils sont bizarres.

e. Elle .... montre sa nouvelle robe.

f. Il .... loue une belle maison ; ils sont contents.

10■ Écrivez la question.

*Ex. : **Tu leur envoies une carte postale ?** – Oui, j'envoie une carte postale à ses parents.*

a. ....?

– Oui, je parle à tes parents.

b. ....?

– Oui, elle nous achète les tapis.

c. ....?

– Nous offrons un bracelet à ta mère et une sculpture à ton père.

d. ....?

– Je vous rends le journal cet après-midi.

e. ....?

– Oui, il me répond souvent.

11■ Répondez.

*Ex. : Tu as écrit à tes amis ? – **Oui, je leur ai écrit.***

a. Vous avez téléphoné à Jérôme ?

– Oui, ...

b. Tu as demandé le nom du film à Sylvie ?

– Non, ...

c. Elle t'a répondu ?

– Oui, ...

d. Tu lui as écrit ?

– Non, ...

e. Ils lui ont traduit l'histoire ?

– Non, ...

écrit

12■ Vous avez prêté votre appartement pour les vacances. Vous envoyez un mél pour savoir si tout va bien ; vous posez huit questions. Rédigez les questions.

....

....

....

....

3 parler des personnes

vocabulaire

13■ Trouvez le contraire dans la liste.

*Ex. : travailleur ≠ **paresseux**.*

a. généreux ≠ ....   **f.** à la mode ≠ ....≠

b. stable ≠ ....   **g.** grand ≠ ....≠

c. patient ≠ ....   **h.** jeune ≠ ....

d. pessimiste ≠ ....   **i.** calme ≠ ....≠

e. ouvert ≠ ....   **j.** gros ≠ ....

petit – démodé – impatient – mince – changeant – bruyant – égoïste – optimiste – fermé – vieux.

14■ Portrait-robot.

a. Il a le visage ...., les cheveux ...., ... yeux, la bouche
................., un .... nez.

b. Il a un visage ...., des cheveux ...., des yeux ...., une bouche
................., un nez ....

c. Il a le visage ...., les cheveux ...., les yeux ...., la bouche
................., le nez ....

rond – grand – arrondi – fin – lourd – large – bizarre – étroit – court – fatigué – carré – long – petit – gros.

grammaire

15■ Masculin/féminin.

*Ex. : Il est courageux ➜ elle est **courageuse**.*

a. Il est .... ; elle est artiste.   **g.** Il est travailleur ; elle est ....

b. Il est intelligent ; elle est ....   **h.** Il est .... ; elle est bruyante.

c. Il est .... ; elle est généreuse.   **i.** Il est .... ; elle est vieille.

d. Il est pessimiste ; elle est ....   **j.** Il est fier ; elle est ....

e. Il est gros ; elle est ....   **k.** Il est .... ; elle est démodée.

f. Il est .... ; elle est mince.

16■ « Être » ou « avoir » ?

*Ex. : Il **a** les cheveux bruns ; il **est** brun.*

Comment est-il ?

Il .... grand, il .... un visage allongé, ses yeux .... bleus, son nez
.... fin, il .... une grande bouche et il .... une barbe noire.
Ah oui ! ses cheveux aussi .... noirs. Il .... un large sourire, mais attention, son
caractère .... difficile. Il .... impatient et il .... toujours quelque
chose à faire.

17 ■ Dites le contraire.

LUI	ELLE
*Ex. : **Moi, je me couche tôt.***	***Moi, je me couche tard.***

Moi, je mange léger. ....

Moi, je bois toujours de l'eau. ....

Moi, je fais beaucoup de sport. ....

Moi, je déteste aller au cinéma. ....

Moi, je pars toujours en avance. ....

écrit

18 ■ Faites votre portrait chinois.

Si vous êtes un métier, vous êtes un/une .... ; si vous êtes une couleur, vous êtes .... ; une boisson .... ; un titre de film .... ; un sport .... ; un livre .... ; un monument .... ; un parfum .... ; une époque .... ; une voiture ....

4 donner des instructions

vocabulaire

19 ■ a. Faites correspondre les dessins et les conseils.

1. Attachez votre ceinture de sécurité.

2. Éteignez votre portable.

3. Respectez la nature.

4. Attention chaussée mouillée.

5. Respectez la limitation de vitesse à 110 km/h.

6. Attendez l'arrêt complet du train avant de descendre.

a.5 – ....

grammaire

20 ■ Transformez.

Ex. : Pour écrire, il faut prendre du papier et un stylo. → ***Prenez du papier et un stylo.***

a. Pour s'habiller il faut mettre une veste et un pantalon.

→ ....

b. Pour faire du ski, il ne faut pas oublier les chaussures et les skis.

→ ....

c. Pour traverser la rue, il faut regarder à droite et à gauche.

→ ....

d. Pour louer un appartement, il faut acheter un journal et lire les petites annonces.

→ ....

e. Pour avoir des informations il faut aller à l'office de tourisme.

→ ....

21 ■ Répondez aux questions.

*Ex. : Est-ce que je peux parler à Gilles ? – **Parle-lui.***

a. Est-ce que je dois envoyer cet article au journal ?

– ....

b. Est-ce que je peux téléphoner à Sylvie ?

– ....

c. Est-ce que je peux demander un service à vos amis ?

– ....

d. Est-ce que je peux raconter cette histoire à Patrick ?

– ....

22 ■ Répondez aux questions à la forme négative.

*Ex. : Vous pensez qu'il faut annoncer la nouvelle ? – **Non, ne l'annoncez pas.***

a. Je voudrais venir vous voir ce soir.

– Non, ...

b. Est-ce que je peux annoncer la mauvaise nouvelle à Pierre ?

– Non, ...

c. Est-ce que nous pouvons offrir des cadeaux aux enfants ?

– Non, ...

d. J'aimerais traduire ce livre.

– Non, ...

e. Nous pouvons déguiser les enfants ?

– Non, ...

23 ■ Donnez votre opinion. Répondez par « oui » ou par « si ».

*Ex. : Il dit la vérité ? – **Oui, je crois qu'il dit la vérité.***

a. Le nouveau journaliste, il écrit bien ?

– ....

b. Elle fait bien la cuisine ?

– ....

c. Il travaille bien ?

– ....

d. Il n'est pas un peu bizarre ?

– ....

e. Vous savez, je crois qu'il ne m'aime pas.

– ....

écrit

24 ■ Savez-vous faire des sandwiches ?

Pour faire un sandwich au (à la, etc.) ...., *il faut* ....

....

....

....

....

5 écrire

vocabulaire

25■ Quel est le style de chacune de ces lettres ?

amical – professionnel – familial – familier.

a.
Chère Maria,
Merci pour ta carte et tes bons vœux. À mon tour, je te souhaite plein de bonnes choses et surtout du bonheur. Je t'embrasse.   Olivier.

d.
Chère Inès,
Merci pour vos vœux. Les enfants, Gilles et moi vous adressons nos meilleurs vœux et nous espérons vous revoir bientôt. Bonne année à votre famille.

Julie, Gilles et les enfants.

c.
Chère Madame,
Permettez-moi de vous présenter mes meilleurs vœux pour cette nouvelle année et toute la réussite espérée pour vos entreprises.
Daniel Lescure.

b.
Chère Sylvie,
Après Noël, la nouvelle année. Alors tous mes meilleurs vœux pour le nouvel an.
Amitiés   Patrick

a. → amical – **b.** ....

26■ Faites correspondre les éléments.

a. Salut Julie
b. Monsieur le Directeur
c. Cher Ami
d. Cher Alain
e. Cher Monsieur

1. Amicalement
2. Cordialement
3. Bisous
4. Avec mes salutations les meilleures
5. Salutations distinguées

27■ Dans les expressions de l'exercice 25, quelles sont les relations entre celui ou celle qui envoie et celui ou celle qui reçoit ?

Hiérarchique (.................) ; amical (.................) ; complice (.................) ;
proche (.................).

28■ Quels sont les objectifs de ces lettres ?

a. Essayez de venir passer une semaine de vacances à la maison. ....
b. Vous devez vous adresser au centre de documentation et d'information pour connaître les dates d'inscription pour les étudiants étrangers. ....
c. Notez que nos bureaux sont ouverts du lundi au vendredi de 9 h à 18 h. ....
d. Formidable ta soirée. Quelle fête ! Merci encore et à très vite. ....

e. Désolé, mais il m'est impossible d'accepter votre invitation à déjeuner. Je dois partir en voyage le jour même.

f. Ah ! La Réunion... magnifique... la lumière, les paysages, les petits villages, la nature…........................

s'excuser – décrire – remercier – inviter – conseiller – informer.

29■ Trouvez, dans les extraits des lettres de l'exercice 28, les expressions correspondantes.

a. Bravo pour la fête : ....

b. Nos heures d'ouverture : ....

c. Vous êtes les bienvenus : ....

d. Je regrette de ne pouvoir honorer votre invitation : ....

e. Je vous conseille de prendre contact avec le service compétent : ....

f. Nous avons beaucoup aimé nous promener dans l'île, admirer, etc. : ....

écrit

30 ■ À vous d'envoyer des lettres :

a. à une amie pour lui raconter vos vacances d'été ;

b. à un institut de formation pour avoir des renseignements.

....
....
....
....
....
....

6 être à l'aise avec les autres

vocabulaire

31 ■ Une réponse peut en cacher une autre. Faites comme dans l'exemple.

*Ex. : Voulez-vous boire quelque chose ? Quand je réponds « merci » ça veut dire **« non, merci »**.*

a. Tu es libre ce week-end ? – Je ne sais pas encore. = ...

b. On va au cinéma ? – Pourquoi pas ? = ...

c. Je vous raccompagne. – C'est gentil = ...

d. Ça vous a plu, ce spectacle ? – Pas beaucoup. = ...

e. Tu viens à la fête ? – Oh ! désolé, je suis déjà pris. ....

certainement pas – j'accepte – peut-être – je n'en ai pas très envie – on s'est un peu ennuyés – non, je ne peux pas.

32■ Voici un sens, trouvez l'autre.

*Ex. : Le milieu = milieu social (milieu professionnel) ; **centre (centre de la Terre)**.*

a. bloquer   = être bloqué, ne pas dire un mot

   = ...

b. tomber   = tomber amoureux

   = ...

c. marcher = bien marcher (réussir)

   = ...

d. pièce   = de théâtre

   = ...

e. goût   = attirance pour les autres

   = ...

f. sens   = saveur

   = ...

grammaire

33 Transformez.

Ex. : Il te faut avoir le courage de partir. → **Aie le courage de partir !**

a. Il leur faut avoir la volonté de réussir.

→ ....

b. Il nous faut avoir le désir de continuer.

→ ....

c. Il te faut avoir l'envie de sortir.

→ ....

d. Il leur faut avoir le pouvoir de dire non.

→ ....

e. Il nous faut avoir le courage de chercher.

→ ....

34■ Transformez.

Ex. : Montre-toi courageux. → **Sois courageux !**

a. Montre-toi travailleur.

→ ....

b. Montrez-vous généreux.

→ ....

c. Montre-toi indépendant.

→ ....

d. Montrons-nous patients.

→ ....

e. Montrez-vous curieux.

→ ....

écrit

35■ Répondez par lettre à l'une ou l'autre de ces annonces.

a. Médecin, 30 ans, brun, yeux verts, sportif, ouvert intellectuellement. Goût pour les voyages, la nature et la vie à la campagne. Cherche jeune femme très féminine, joyeuse, cultivée avec désir d'enfant.
b. C'est moi ! Journaliste, 28 ans, blonde, grande, jolie (paraît-il). J'adore le cinéma, les voyages, la musique, le roller et les bons petits restos. Gentleman campagnard s'abstenir.

....
....
....
....

1 parler du passé

vocabulaire

1■ Complétez avec un mot ou une expression de la liste.

*Ex. : **Jadis,** nos ancêtres les Gaulois habitaient dans des huttes, comme Astérix.*

a. .... les enfants travaillaient à l'usine.

b. .... les jeunes de moins de 21 ans ne votaient pas.

c. .... on savait prendre son temps.

d. .... j'avais 20 ans, j'écoutais les Beatles et je dansais le twist.

e. .... on disait « vous » à ses parents ; aujourd'hui on les tutoie.

quand – autrefois – en ce temps-là – de mon temps – il y a 30 ans.

2■ Identifiez : un fait divers, un récit au passé, un souvenir, un rêve.

Rappelle-toi, Barbara.

a. Il pleuvait sans cesse sur Brest ce jour-là (Prévert). ....

b. Les voleurs savaient. Il n'y avait personne dans la maison. Les voisins n'ont pas entendu.

La police enquête. ....

c. J'avais peur, je voulais fermer la porte mais je ne pouvais pas. On cherchait de l'autre côté à l'ouvrir. Le combat

a duré toute la nuit. ....

d. Le matin à 6 h il faisait encore nuit quand je me levais ; je descendais allumer le feu de bois puis je préparais

le café. Nous déjeunions et ensuite nous partions tous les quatre avant le lever du jour (d'après Pagnol). ....

....

grammaire

3■ Conjuguez les verbes.

*Ex. : Quand j'avais 20 ans, **je travaillais dans cet immeuble.***

a. Quand nous avions 20 ans, *(jouer du rock dans un orchestre)* ....

....

b. Quand vous aviez 20 ans, *(faire la fête tous les soirs)* ....

....

c. Quand nous avions 20 ans, *(vivre librement)* ....

d. Quand tu avais 20 ans, *(voyager beaucoup)* ....

e. Quand ils avaient 20 ans, *(prendre beaucoup de vacances)* ....

....

4■ Complétez avec les verbes entre parenthèses.

a. Hier encore, j'*(avoir)* .... vingt ans, je *(caresser)* .... le temps et *(jouer)*

.... de la vie... (Charles Aznavour)

b. Elle *(avoir)* .... des bagues à chaque doigt, des tas de bracelets autour du poignet...

(Jeanne Moreau)

c. C'est une chanson qui nous ressemble, moi je *(s'aimer)* ...., toi, tu *(s'aimer)* ....

(Yves Montand)

d. La place Rouge *(être)* .... blanche, devant moi *(marcher)* .... Nathalie,

elle *(avoir)* .... un joli nom mon guide... (Gilbert Bécaud)

5 ▪ **Écrivez ce texte au passé.**

Il *était* une fois une femme très belle. Tout le monde *(connaître)* .... sa grande beauté. Un riche marchand déjà vieux l'*(aimer)* .... et *(vouloir)* .... avoir un enfant. Il *(savoir)* .... qu'il ne *(pouvoir)* .... pas. Il *(inviter)* .... donc de jeunes marins pour la séduire ; les marins *(devenir)* .... les amants de la jeune femme. Le vieux marchand espérait ainsi réaliser son rêve. (D'après Karen Blixen)

écrit

6 ▪ **Rédigez quelques souvenirs sur le modèle de la page 105 de votre livre. Par exemple :**

Je me souviens de mes années d'enfance.
Je me souviens des années 1960, des années hippies.

....
....
....
....
....

2 raconter les moments d'une vie

vocabulaire

7 ▪ **« Se souvenir » ou « se rappeler » ?**

*Ex. : Elle **se souvient de** sa première guitare.*

a. Il ne .... plus son nom.

b. Nous nous .... des vacances en Italie.

c. Elle .... avoir participé à son succès.

d. Ils .... de son courage.

8 ▪ **Trouvez le verbe.**

Ex. : Naissance à Marseille → ***il est né à...***

a. Apprentissage au centre de formation de Cannes → ....

b. Rencontre avec Véronique → ....

c. Départ pour jouer à la Juventus de Turin → ....

d. Vainqueur de la Coupe du Monde → ....

e. Élu « ballon d'or » → ....

grammaire

9 ▪ **Rédigez le CV de Gilles D. au passé composé.**

1972 : naissance
1982-1990 : élève au lycée Victor-Hugo *(être)*
1990 : baccalauréat *(réussir)*
1993 : Licence en droit *(obtenir)*
1994 : Séminaire de sciences politiques aux États-Unis *(suivre)*
1995-1996 : Stage dans un cabinet de conseil à Londres *(faire)*
1997 : Conseiller en droit des affaires dans un cabinet allemand *(devenir)*

On apprend que Gilles D. a été nommé conseiller du président. Gilles D **est né** en 1972. De 1982 à 1990, il . . . . .

. . . .

. . . .

10■ Complétez cette biographie.

Marguerite Yourcenar est un écrivain français. Elle (*naître*) **est née** en 1903 et elle (*mourir*) . . . . en 1987 dans sa maison de l'île de Mont-Désert aux États-Unis. Elle (*vivre*) . . . . aux États-Unis depuis 1939 et sa maison (*s'appeler*) . . . . Petite Plaisance. Elle (*écrire*) . . . . de nombreux romans. Elle (*aimer*) . . . . beaucoup voyager et elle (*adorer*) . . . . la nature. Elle (*être*) . . . . la première femme à entrer à l'Académie française.

11■ Mettez à la forme négative.

Ex. : *Téléphoner : Nous avons attendu mais il **n'a pas téléphoné**.*

a. *Partir :* Elle s'est levée à 7 h mais elle . . . .

b. *Boire :* Il a beaucoup dansé mais il . . . .

c. *Offrir :* Il lui a acheté une robe mais il . . . .

d. *Répondre :* Je t'ai appelé mais tu . . . .

e. *Pouvoir :* Vous m'avez invité mais je . . . . venir.

12■ Mettez ce récit aux temps du passé qui conviennent.

a. Depuis deux ans je vis en Italie. Je travaille à l'université de Naples. Je connais beaucoup d'étudiants. Je parle avec eux, je les invite, ils viennent dîner à la maison.

b. Un jour, chez un ami, je rencontre Eduardo : c'est un garçon charmant, très fin et cultivé. Il est encore étudiant et il finit son doctorat. Nous parlons de l'université, de l'Italie.

c. Le lendemain, nous allons faire une promenade à Ischia et nous découvrons la *Colombaia*, la villa du célèbre cinéaste italien, Luchino Visconti. C'est notre premier souvenir.

. . . .

. . . .

. . . .

. . . .

écrit

13■ Vous faites une petite enquête sur ce qui a changé depuis dix ans : le travail, les vacances, le sport, les relations avec la famille, les loisirs... Vous écrivez vos remarques sur ces changements.

. . . .

. . . .

. . . .

. . . .

. . . .

. . . .

. . . .

. . . .

. . . .

. . . .

3 parler de la famille

14■ Complétez l'arbre généalogique avec les informations ci-dessous.

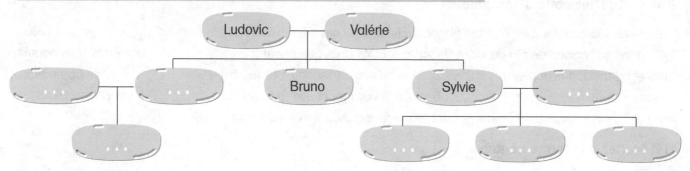

Sylvie a trois enfants.
Joseph est le neveu de Daniel.
Léo est le cousin de Sarah.
Valérie est la grand-mère de Julie.
Philippe est le gendre de Ludovic.
Annick est la belle-sœur de Bruno.
Julie, Joseph, Sarah et Léo sont les neveux et nièces de Bruno.
Annick et Daniel ont un seul fils.

15■ Trouvez les contraires.

*Ex. : extraordinaire ≠ **ordinaire**.*

a. heureuse ≠ ....   **d.** difficile ≠ ....
b. indifférent ≠ ....   **e.** séparé ≠ ....
c. égoïste ≠ ....   **f.** sympathique ≠ ....

---

grammaire

16■ Mettez au passé composé.

Elle ***s'est levée*** puis elle (*se laver*) .... ; elle (*s'habiller*) .... et elle (*se maquiller*)
.... ; elle était en retard, elle (*se dépêcher*) ....
Elle (*s'arrêter*) .... à la boulangerie et elle (*s'acheter*) .... un croissant. Quand elle
(*se présenter*) .... au bureau, elle (*s'excuser*) ....

17■ Formulez la question et complétez la réponse.

*Ex. : (se connaître) **Ils se sont connus quand ?** – **Ils se sont connus** l'année dernière.*

a. (*se rencontrer*) ....?
– Ils .... en vacances.
b. (*se marier*) ....?
– Ils .... après les vacances.
c. (*se retrouver*) ....?
– Nous .... au Salon.
d. (*s'expliquer*) ....?
– Oui, nous .... tous les trois.
e. (*se séparer*) ....?
– Ils .... après six mois de mariage.

18 ■ Mettez à la forme négative.

*Ex. : Ils se sont parlé ? – **Non, ils ne se sont pas parlé.***

a. Elles se sont rencontrées ?

– Non, ...

b. Ils se sont vus ?

– Non, ...

c. Vous vous êtes regardée ?

– Non, ...

d. Vous vous êtes téléphoné ?

– Non, ...

e. Ils se sont écrit ?

– Non, ...

f. Vous vous êtes reconnus ?

– Non, ...

écrit

19 ■ Ils se sont rencontrés, ils se sont aimés, ils se sont séparés... Racontez leur histoire.

....
....
....
....
....

4 préciser le moment et la durée

vocabulaire

20 ■ Répondez en utilisant « pendant », « depuis », « il y a », « ça fait ... que ».

*Ex. : Le cours de français a commencé il y a trois mois. – J'apprends le français **depuis trois mois**.*

a. Vous parlez bien le français, vous avez mis trois ans pour l'apprendre.

– J'ai appris le français ....

b. Vous ne dormez plus depuis une semaine.

– .... je ne dors plus.

c. Vous avez fait un stage aux États-Unis ; le stage est terminé, il a duré trois mois.

– J'ai suivi un stage aux États-Unis ....

d. On demande des nouvelles de vos meilleurs amis ; ils vivent à l'étranger ; vous ne les avez pas vus depuis trois ans.

– .... que je ne les ai pas vus.

e. Depuis combien de temps cet appartement n'est pas habité ?

– .... trois mois.

21 ■ Répondez aux questions à l'aide des réponses ci-dessous.

Ça fait un mois – depuis quelque temps – je t'attends depuis une heure – depuis 15 jours – il y a trois semaines.

a. Tu es déjà là ? – ....

b. Ça fait combien de temps qu'il est parti ? – ....

c. Depuis combien de temps ça ne va pas ? – ....

d. Il y a longtemps que vous la connaissez ? – ....

e. Et vous êtes arrivés depuis quand ? – ....

grammaire

22■ « Depuis » ou « il y a » ?

François est revenu en France .... cinq ans. .... son retour, il travaille à Médecins sans Frontières. .... six mois, il est allé faire une mission en Afrique. .... un an, je travaille avec lui et, ... deux mois, nous avons décidé de partager le même appartement.

23■ Retrouvez la question.

*Ex. : **Depuis quand êtes-vous à Paris ?** – Je suis à Paris depuis mardi.*

a. ....?

– Il y a deux semaines qu'elle est partie.

b. ....?

– Ça fait un mois que je ne l'ai pas vu, monsieur.

c. ....?

– Elle est recherchée depuis 15 jours.

d. ....?

– Je suis arrivée depuis jeudi. Voilà, maintenant tu sais.

e. ....?

– Ça fait dix ans que nous nous sommes rencontrés.

24■ Répondez.

*Ex. : Depuis quand êtes-vous mariés ? (samedi) – **Nous sommes mariés depuis samedi.***

a. Ça fait combien de temps que vous êtes divorcés ? *(deux ans)*

– ....

b. Depuis combien de temps passent-ils leurs vacances en Corse ? *(dix ans)*

– ....

c. Il y a combien de temps que tu as fini tes études ? *(trois ans)*

– ....

d. Depuis quand êtes-vous séparés ? *(15 avril)*

– ....

écrit

25■ « Tu es déjà là ? » « Ça fait une demi-heure que je t'attends... »
Faites la liste des explications possibles du retard.

....

....

....

....

5 parler des habitudes et des changements

26■ Décrivez ce qui a changé.

27■ « Commencer à » ou « continuer à ». Complétez.

a. Pauline et Nicolas .... faire du piano à huit ans.

b. Pierre a soixante-dix ans et il .... faire du sport tous les jours.

c. Il a .... faire le marathon il y a vingt-cinq ans.

d. Patrick est un gros fumeur ; il a .... fumer à quatorze ans.

e. François est parti du village il y a dix ans mais Charles .... vivre au village.

28■ Complétez avec « toujours », « rarement », « jamais », « souvent », « tous les... ».

*Ex. : Ils jouent **toujours** au bridge le lundi.*

a. .... ans, ils partent en vacances en juillet.

b. ...., le mardi et le vendredi il va faire du sport.

c. Au cinéma, au concert, en promenade, on les voit .... ensemble.

d. Ils aiment beaucoup le cinéma ; mais ils vont .... au théâtre.

e. Ils ne vont .... danser, ils n'aiment pas ça.

29 ■ Posez les questions.

*Ex. : **Vous vous promenez souvent ?** – Nous faisons toujours une promenade le lundi.*

a. ....?

– Oui, nous nous téléphonons souvent.

b. ....?

– Non, nous allons rarement faire du ski.

c. ....?

– J'ai commencé à travailler à l'âge de dix-huit ans.

d. ....?

– Oui, je continue de lui téléphoner une fois par semaine.

e. ....?

– Non, je me suis arrêté de travailler il y a un an.

30 ■ Un jour..., ce qui a changé... Faites comme dans l'exemple.

Ex. : Avoir mauvais caractère ; rencontrer Mireille ; devenir calme. → ***Il avait mauvais caractère ; un jour il a rencontré Mireille, il est devenu calme.***

a. Ne jamais rester à la maison ; trouver un nouvel appartement ; ne plus vouloir sortir.

– ....

....

b. Ne jamais écouter de musique ; aller à l'opéra ; connaître tous les chanteurs et chanteuses d'opéra ;

– ....

....

c. Ne pas savoir quoi faire ; rencontre un journaliste ; devenir photographe de presse.

– ....

....

d. Ne pas savoir où aller ; lire un roman sur l'Inde ; partir travailler pour Médecin sans Frontières.

– ....

....

e. Faire du shopping ; être remarqué par un directeur de production ; devenir animatrice de télévision.

– ....

....

écrit

31 ■ Racontez un événement qui a changé vos habitudes.

....

....

....

....

....

....

....

....

....

connaître quelques repères d'histoire

vocabulaire

32■ Situez les lieux sur la carte.

Situer ① La Rochelle,

     ② Vichy,

     ③ Toulon,

     ④ Marseille,

     ⑤ Verdun.

33■ Qui étaient-elles ?

écrivain − scientifique − héroïne nationale −
révolutionnaire − femme politique.

a. Jeanne d'Arc : . . . .

. . . .

b. Louise Michel : . . . .

. . . .

c. Marie Curie . . . .

d. Simone de Beauvoir : . . . .

e. Simone Weil : . . . .

34■ Des œuvres qui parlent de l'histoire. Situez l'époque.

empire colonial − Napoléon − XVIIIe siècle − entre-deux guerres mondiales − Révolution française − guerre de religion.

a. *La Marseillaise* (Rude) : . . . .

b. *La Reine Margot* (Dumas) : . . . .

c. *L'Étranger* (Camus) : . . . .

d. *La Chartreuse de Parme* (Stendhal) : . . . .

e. *L'Amant* (Marguerite Duras) : . . . .

f. *Le mariage de Figaro* : . . . .

35■ Histoire et cinéma. Le cinéma raconte :

Jules et Jim − Indochine − Austerlitz − Les Mariés de l'An II − La Grande Vadrouille.

a. la Révolution dans : . . . .

b. l'épopée napoléonienne dans : . . . .

c. les relations franco-allemandes dans : . . . .

d. la Seconde Guerre mondiale dans : . . . .

e. la colonisation dans : . . . .

écrit

36■ À quel(s) moment(s) de l'histoire votre pays et la France ont-ils été associés ?

. . . .

. . . .

. . . .

. . . .

Les épreuves orales de ces pages sont à faire en classe avec votre professeur : les documents sonores se trouvent dans les cassettes collectives de *Campus* et les séquences vidéo se trouvent sur la vidéo de *Campus*.

Compréhension de l'oral

1 **Écoutez le dialogue et donnez la bonne réponse.** *(enregistrement, page 30)*

a. Où se trouve Marseille, en France ? ....

b. Combien d'habitants y-a-t-il à Marseille ?

☐ 300 000   ☐ 1 300 000   ☐ 1 000 000

c. Marseille est une ville :   ☐ Moyenne.   ☐ Petite.   ☐ Grande.

2 **Écoutez le dialogue et cochez la ou les bonne(s) réponse(s).** *(enregistrement, page 32)*

a. Marie habite

1. ☐ En France.   ☐ En Espagne.

2. ☐ Dans une ville.   ☐ Dans un village.

3. ☐ Dans une maison.   ☐ Dans un appartement.

b. Quelle(s) langue(s) parle-t-on dans le pays de Marie ? ....

3 **Regardez la vidéo et donnez la bonne réponse.** *(Unité 6, Comment on s'habille ?)*

a. Quelle fête est organisée ? ....

b. Qui est invité à la fête ?

☐ Julien et Caroline.   ☐ Samia et Julien.   ☐ Caroline et Samia.

c. Quel style de vêtements vont choisir les personnes invitées ?

☐ Classique.   ☐ Décontracté.   ☐ Ethnique.

d. Quels vêtements et accessoires portent Samia et Caroline ?

un jean/ une jupe noire/ un collier africain/ des bottes/ un chemisier blanc/ un tee-shirt rouge

Samia : ....

Caroline : ....

4 **Regardez la vidéo et cochez la ou les bonne(s) réponse(s).** *(Unité 6, Un cocktail)*

a. Que boivent les deux jeunes femmes ?

☐ Un jus de fruit.   ☐ Un lait de coco.   ☐ Un cocktail.

b. Avec quoi la boisson est-elle préparée ?

☐ Du jus d'ananas.   Du jus d'orange.   ☐ De l'alcool.   ☐ Du sirop d'orgeat.

c. Comment la boisson est-elle ?

☐ Pas mauvaise.   ☐ Excellente.   ☐ Mauvaise.

d. Qui prépare la boisson ?

☐ Samia.   ☐ Caroline.

Production orale

Étape 1

À deux, parlez de vos activités du week-end. Aidez-vous des images et des mots des pages 28 et 29 du Livre de l'élève.

Étape 2

Présentez votre meilleur(e) ami(e). Parlez de la ville où il/elle habite et du temps qu'il y fait.

Étape 3

Vous voulez réserver des places de théâtre. Vous téléphonez au guichet des réservations.

Vous dites ce que vous voulez voir, où vous voulez être assis, quel jour vous choisissez et combien vous êtes. Jouez la scène à deux.

Compréhension des écrits

1 Observez le document et répondez aux questions.

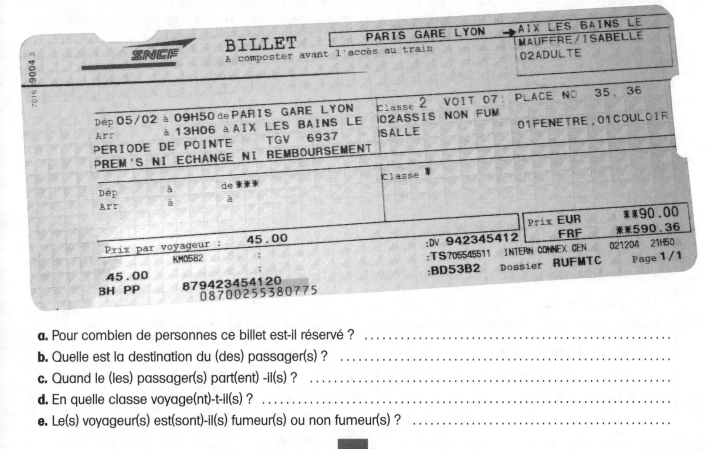

a. Pour combien de personnes ce billet est-il réservé ? ....

b. Quelle est la destination du (des) passager(s) ? ....

c. Quand le (les) passager(s) part(ent) -il(s) ? ....

d. En quelle classe voyage(nt)-t-il(s) ? ....

e. Le(s) voyageur(s) est(sont)-il(s) fumeur(s) ou non fumeur(s) ? ....

2 Observez le document et répondez aux questions.

Le cinéma *Le Chardon* vous propose cette semaine à Gannat :

Semaine du 5 au 12 octobre		
Salle Kristof	Salle Maalouf	Salle Neruda
Gabrielle Mardi, 21 h Samedi, 14 h	*Charlie et la chocolaterie, V.F.* Vendredi, 21 h *Gabrielle* Dimanche, 14 h	*Charlie et la chocolaterie, V.O.* Mercredi, 12 h 30 Dimanche, 11 h *Les âmes grises* Lundi, 21 h

a. Comment le cinéma s'appelle-t-il ? ....

b. Combien y a-t-il de salles ? ....

c. Quel jour et à quelle heure peut-on voir *Charlie et la chocolaterie* en version française ? ....

d. Quel film passe lundi ? ....

e. Combien de fois dans la semaine peut-on voir *Gabrielle* ? ....

3 Lisez l'agenda de Murielle et répondez aux questions.

Lundi	18 h : Rendez-vous chez le dentiste	20 h : Cours de Tai-chi
Mardi	16 h 30 : Réunion	19 h : Ciné avec Régine et Hélène
Mercredi	12 h 30 : Déjeuner de travail	
Jeudi	16 h : Arrivée de Yoshiko à l'aéroport d'Aulnat	21 h : Dîner entre copains
Vendredi	19 h 30 : Cours de salsa	
Samedi	Départ à 9 h pour Lyon	Dîner dans un petit bouchon* avec Patrick et Virginie
Dimanche	9 h : Marché de Noël	Balade en rollers dans le parc de la Tête d'Or

* restaurant typique de Lyon

a. Elle va danser vendredi. ☐ Vrai.   ☐ Faux.

b. Quel soir de la semaine Murielle est-elle libre ? ....

c. À quelle heure Yoshiko arrive-t-elle ? ☐ À 16 heures.   ☐ On ne sait pas.

4 Lisez la publicité et dites si les affirmations sont vraies ou fausses.

Le charivari vous propose :

Un espace Internet :

Formule d'abonnement : 25 € par mois ou 2,50 € l'heure de connexion, wifi gratuit

Un espace détente :

avec des revues, des livres, des jeux de société, des bandes dessinées et des expositions

Un espace plaisir :

avec des snacks à toute heure, hot-dog, sandwichs, salades froides entre 2 et 6 € et aussi des boissons, thé, café, coca, etc.

a. *Le charivari* est un restaurant.   ☐ Vrai.   ☐ Faux.

b. Au *charivari*, on peut boire un verre.   ☐ Vrai.   ☐ Faux.

c. La connexion Internet est gratuite.   ☐ Vrai.   ☐ Faux.

d. On peut acheter des livres au *charivari*.   ☐ Vrai.   ☐ Faux.

Production écrite

1 **Vous voulez vous inscrire au club Internet de votre université. Remplissez la fiche ci-dessous.**

Nom : ....

Prénom : ....

Date de naissance : ....

Domaine d'étude : ....

Téléphone : ....

Courriel : ....

Date d'inscription : ....

2 **Regardez les photos de la ville de Lyon. Visionnez l'introduction de l'unité 2. Imaginez que vous étudiez dans cette ville. Envoyez une carte postale à votre famille et expliquez-lui ce que vous faites.**

1 parler d'une entreprise

vocabulaire

1 ■ Cochez la bonne réponse.

Le tirage de chaque journal est :	Régional	National	International
a. *L'Est Républicain*	☐	☐	☐
b. *Ouest France*	☐	☐	☐
c. *Le Provençal*	☐	☐	☐
d. *Le Monde*	☐	☐	☐
e. *Dernières Nouvelles d'Alsace*	☐	☐	☐
f. *Le Figaro*	☐	☐	☐
g. *Libération*	☐	☐	☐
h. *Le Parisien*	☐	☐	☐
i. *Le Progrès de Lyon*	☐	☐	☐

2 ■ Cochez la bonne case.

	VRAI	FAUX
a. Hebdomadaire = toutes les semaines	☐	☐
b. Mensuel = tous les mois	☐	☐
c. Quotidien = tous les jours	☐	☐
d. Trimestriel = tous les trois mois	☐	☐
e. Bi-hebdomadaire = toutes les deux semaines	☐	☐
f. Bi-mensuel = tous les deux mois	☐	☐

3 ■ Complétez.

Action	Activité	Personne
acheter	*achat*	*acheteur*
....	édition	....
rédiger	....	....
....	fabrication	....
vendre	....	....
....	....	photographe
lire	....	....

4 ■ Éliminez l'intrus.

a. magazine ; revue ; journal ; rubrique.

b. écrire ; rédiger ; prendre des notes ; acheter.

c. dépêches ; parution ; brèves ; unes.

d. informations ; nouvelles ; communiqués ; exemplaires.

grammaire

5 ■ Trouvez les questions.

Ex. : **Qui part en reportage ?** – *Les journalistes partent en reportage.*

a. ....?

Le chef d'entreprise recrute ses collaborateurs.

b. ....?

L'usine fabrique les produits.

c. ....?

Le bureau d'études crée les produits.

d. ....?

Les produits sont vendus dans les boutiques ou dans les grands magasins.

e. ....?

Les vendeurs s'occupent des clients.

écrit

6■ Vous êtes reporter, vous interviewez un chef d'entreprise. Il vous parle de son métier. Vous rédigez les questions.

....

....

....

....

2 exprimer un besoin
vocabulaire

7■ Où trouve-t-on ces affiches ?

cinéma – soldes magasin – agence de voyage – association – agence pour l'emploi.

derniers jours
PROFITEZ-EN

(a)

....

Le chômage,
PARLONS-EN

(b)

....

EN
AVOIR
OU PAS

Film de
Laetitia Masson

(c)

....

7 jours
800 €

LE
MAROC

VOUS N'EN REVIENDREZ PAS...

(d)

....

LE SIDA
J'EN FAIS
MON AFFAIRE

Soutenez la recherche contre le sida

(e)

....

8 ■ Faites l'inventaire. Utilisez les expressions « j'en ai », « je n'en ai pas », « il y en a », « il n'y en a pas ».

– Est-ce que tu as ?

a. une ceinture : ***J'en ai une***.

b. des cadeaux : ....

c. du thé : ....

d. des pots de confiture ....

e. de l'eau minérale ....

f. du Coca-Cola ....

g. du Perrier ....

– Est-ce qu'il y a ?

h. des pâtes : ***non, il n'y en a pas***.

i. un pull ....

j. des CD ....

k. des livres ....

l. un journal ....

m. un jeu vidéo ....

n. un chapeau ....

grammaire

9 ■ Mettez à l'impératif.

*Ex. : Je peux prendre un peu de gâteau ? – **Oui, prenez-en**.*

a. Je dois acheter des fruits ?

– Oui, ...

b. Je mets une cerise sur le gâteau ?

– Non, ...

c. Nous pouvons faire une tarte aux fraises ?

– Oui, ...

d. Je peux m'en aller ?

– Non, ...

10 ■ Répondez comme dans l'exemple.

*Ex. : Vous connaissez bien notre entreprise ? – Oui, je **la** connais bien.*

a. Vous connaissez notre journal ?

– Oui, ...

b. Vous avez rencontré une de nos rédactrices ?

– Oui, ...

c. Vous avez déjà écrit un article ?

– Oui, ...

d. Tu prends ton ordinateur pour écrire ?

– Non, ...

écrit

11 ■ Écrivez votre recette préférée. Utilisez l'impératif.

....

....

....

....

3 parler du futur

12■ Les situations du futur.
Dites dans quel genre de document, de texte, de situation on rencontre le futur. Aidez-vous de la liste.

Ex. : Dans un film de science-fiction.

La France de demain, c'est vous qui la ferez.

❷ ....

2001: l'odyssée de l'espace

❶

Avenir professionnel, rencontres amoureuses, retour de l'être aimé, chances de succès aux examens...

Consultez madame Sylvana.

Cartes, lignes de la main, etc.

❸ ....

Demain le temps deviendra orageux, il fera plus frais sur l'ensemble du pays...

OCÉAN ATLANTIQUE

❹ ....

Cherchons notre DIRECTEUR COMMERCIAL.

Vous serez responsable de ce nouveau secteur ; vous travaillerez sur de nouveaux marchés, vous mettrez en œuvre des stratégies adaptées.

❺ ....

petites annonces – titre de livre, titre de film – Météo – publicité pour un parti politique – publicité pour une voyante.

13■ Retrouvez dans l'exercice précédent les mots qui expriment le futur.

....

14■ Complétez au futur.

a. Il *(venir)* .... demain à vélo.

b. Elle *(prendre)* .... le train dans une semaine.

c. Est-ce que dans le futur nous *(parler)* .... tous la même langue ?

d. Le mois prochain, vous *(faire)* .... le voyage en train ou en avion ?

e. Après-demain, ta secrétaire *(pouvoir)* .... rester après 18 h 30 ?

f. Désolé, mais je pense que je *(être)* .... en retard.

g. Allô, oui, nous sommes sur l'autoroute, il y a un embouteillage, nous *(avoir)* .... une heure de retard !

15■ Trouvez la question.

*Ex. : **Quand est-ce que tu viendras ?** – Je viendrai demain.*

a. ....?

– J'aurai besoin d'un écran et d'un rétroprojecteur.

b. ....?

– Oui, j'en reprendrai un peu, c'est très bon.

c. ....?

– Oui, je pense qu'elle vous en prêtera, ce n'est pas une somme d'argent énorme.

d. ....?

– Je me lèverai à 7 h.

e. ....?

– Pour le voyage, nous choisirons un programme original.

16■ Rêvons un peu.

*Ex. : Quand je **serai** grand, je **serai** président.*

Quand j'aurai de l'argent...

a. Tu *(ne plus travailler)* .... **b.** Nous *(voyager)* .... toute l'année.

c. Nous *(vivre)* .... à l'hôtel. **d.** ..Tu *(s'offrir)* .... les plus belles robes.

e. Nous *(aller)* .... dans les meilleurs restaurants.

17■ Répondez négativement.

*Ex. : Tu viendras demain ? – **Non, je ne viendrai pas.***

a. Nous partirons ensemble ? – Non, ...

b. Tu lui téléphoneras ? – Non, ...

c. Tu penses qu'elle le reconnaîtra ? – Non, ...

d. Vous suivrez ses conseils ? – Non, ...

e. Quand ils reviendront en France, ils s'y installeront ? – Non, ...

écrit

18■ Décrivez la maison de vos rêves.

....

....

....

4 présenter les étapes d'une réalisation

vocabulaire

19■ Identifiez.

a. Les secteurs de l'entreprise : ....

b. Les acteurs : ....

c. Les activités : ....

concurrents – réunions – études – administration – réseau (de vente) – partenaires – informaticien – secrétaires – commercial – produits – directeur – publicité – salons – gestion – projets – ingénieur – personnel.

20■ Que font-ils ?

*Ex. : L'administration **administre.***

La gestion .... Le commercial ....

La publicité .... Les ingénieurs ....

Le directeur .... Les partenaires ....

Le réseau (de vente) ....

grammaire

21 ■ Complétez avec les mots de liaison.

.... il s'est levé, ... il s'est lavé, ... il a pris son petit déjeuner.

.... il a regardé sa montre .... il a compris qu'il était très tôt, il s'est recouché.

D'abord – puis – alors – tout à coup – ensuite...

22 ■ « Encore » ou « déjà » ?

*Ex. : Il est déjà parti déjeuner ? – **Non, il n'est pas encore arrivé.***

a. Je vais en reportage, tu viens avec moi ?

– Non, *(finir l'article)* ....

b. Tu prends des congés le mois prochain ?

– Non, *(prendre)* ....

c. Tu me prêtes le nouveau disque de Manu Chao ?

– Non, *(écouter)* ....

d. Vous avez lu la nouvelle dans le journal ?

– Non, *(lire)* ....

e. Tu connais le DJ ?

– Oui, *(entendre)* ....

23 ■ Futur proche ou futur simple. Rédigez la question.

*Ex. : **Il va partir demain ?** – Oui, il partira demain.*

a. ....?

– Je mettrai ma petite robe noire.

b. ....?

– On l'appellera Sarah.

c. ....?

– Je choisirai un beau tapis.

d. ....?

– Elle traduira le nouveau contrat la semaine prochaine.

e. ....?

– J'inviterai Maxime et Anaïs.

écrit

24 ■ Vous êtes un(e) voyant(e). Faites le portrait de la personne qui vient consulter puis dites ce que vous lui prédisez (amour, mariage, travail, examen, santé).

....

....

....

....

....

5 rapporter des paroles

vocabulaire

25■ Faites correspondre les noms et les verbes.

a. Adresse électronique : ....

b. Mél, e-mail : ....

c. Logiciel (gratuit, libre d'accès) : ....

d. Site (préféré, favori) : ....

e. Fichier : ....

f. Code (d'accès, secret) : ....

g. Réseau : ....

h. Ordinateur : ....

se connecter – faire – allumer/éteindre – travailler – envoyer – sauvegarder – donner – aller.

26■ Construisez des expressions avec le vocabulaire de l'exercice précédent.

Ex. : Je donne mon adresse électronique.

....

....

grammaire

27■ Rapportez les paroles suivantes à l'aide des verbes entre parenthèses.

Ex. : À quelle heure tu viens ? (demander) → ***Elle demande quand il vient.***

a. « Pour la troisième fois, non, il n'est pas encore arrivé. »

(répéter) → Il ....

b. « J'en suis sûr, c'est lui son cousin. »

(affirmer) → Il ....

c. « Non, je n'ai pas volé le fichier. »

(nier) → Il ....

d. « Non, merci, je n'en reprendrai pas. »

(répondre) → Elle ....

e. « Au revoir et merci, je m'en vais. »

(dire) → Il ....

28■ Faites comme dans l'exemple.

Ex. : Anaïs : « Il remercie l'équipe ; notre projet l'intéresse. »

→ ***Anaïs dit qu'il les remercie et que le projet l'intéresse.***

a. Antoine : « Qui vient rencontrer avec moi le directeur de Doucet Multimédia ? »

→ ....

b. Maxime : « Où aura lieu la présentation ? »

→ ....

c. Anaïs : « Je ne pourrai pas venir, j'ai déjà un rendez-vous. »

→ ....

d. Maxime : « Qu'est-ce qu'on va lui présenter ? »

→ ....

29■ Présentez la conférence de presse sous une forme rédigée.

(Extrait de la conférence de presse)

Journaliste1 : Monsieur le président, comment pensez-vous agir sur le cadre de vie ?

Le président : Par une politique du logement dynamique et par une attention à l'environnement, par plus de sécurité aussi.

> *Journaliste 2 :* Mais vous l'avez déjà promis !
> *Le président :* Où l'avez-vous entendu ?
> *Journaliste 1 :* Quand vous étiez en voyage à Marseille !
> *Le président :* À l'époque, je n'avais pas les moyens de faire la politique souhaitée.
> *Journaliste 2 :* Et maintenant vous les avez ?
> *Le président :* Je vais les avoir.

Le journaliste voudrait savoir comment le président ....
....
....
....
....

écrit

30■ Vous êtes témoin d'un accident entre un piéton et un automobiliste. Racontez.

....
....
....
....

faire un projet de réalisation
vocabulaire

31 ■ Associez le mot et son explication.

a. source
b. agence de presse
c. idole
d. scandale
e. consulter
f. alimentation
g. orchestre
h. studio
i. sortie
j. comédien

1. appartement avec une seule pièce
2. joue au théâtre ou au cinéma
3. utile pour les journalistes ; on trouve là les nouvelles du monde entier.
4. quand de nombreux musiciens jouent ensemble
5. prendre le conseil de quelqu'un sur son projet
6. le fait d'aller au cinéma, au théâtre
7. l'ensemble des légumes, des boissons, de la viande pour se nourrir
8. commencement d'une rivière
9. incident qui choque la société
10. acteur, chanteur préféré entre tous

entreprendre

32■ Donnez des conseils pour réaliser un projet.

*Ex. : Écrire : **Écrivez votre projet.***

a. *(consulter)* .... vos camarades.

b. *(partager)* .... vos solutions.

c. *(prendre)* .... des conseils.

d. *(travailler)* .... ensemble.

e. *(suivre)* .... vos idées.

f. *(faire attention)* .... aux difficultés.

g. *(se voir)* .... souvent.

h. *(se parler)* .... beaucoup.

i. *(ne pas avoir honte)* .... d'être original.

j. *(convenir)* .... d'une présentation en commun.

33■ Énumérez les actions à accomplir dans l'ordre donné.

*Ex. : **Choisir** une idée.*

a. .... un projet.

b. .... des études.

c. .... les possibilités.

d. .... des décisions.

e. .... le travail.

f. .... la fabrication.

g. .... l'objet.

> *Suivre, élaborer, examiner, construire, partager, présenter, prendre, faire.*

34■ Présentez le projet.

« Des éléments de couleur en métal *(former)* .... la structure du fauteuil. Des coussins *(permettre)* .... d'être assis confortablement. Un thermostat *(régler)* .... la température souhaitée. Vous *(devoir)* .... brancher la prise du fauteuil dix minutes avant de vous asseoir. Vous *(régler)* .... ensuite la température souhaitée et *(rester)* .... assis tout le temps voulu. »

35■ À votre tour, présentez un projet célèbre ou imaginaire. Vous précisez le lieu, l'époque, l'auteur, l'idée, la réalisation et le succès.

....
....
....
....
....
....

coordonner des actions

vocabulaire

1 ■ Faites correspondre les répliques et les situations.

Où peut-on entendre ces phrases ?

a. J'ai trouvé ça bon, et toi, c'était comment ? ....

b. Très bien le show. ....

c. – Tu as trouvé comment le nouveau Woody ? – Moins bon que le précédent. ....

d. Finalement j'ai mieux aimé la Chine. ....

e. Je crois que c'est le meilleur candidat. ....

f. Si vous trouvez moins cher, on vous donne la différence. ....

g. Elle est plus belle et elle joue mieux que... comment elle s'appelle déjà ? ....

h. Finalement, on vit aussi bien ici qu'ailleurs. ....

le choix d'une réponse à une offre d'emploi – un plat au restaurant – une publicité – le niveau de vie dans un pays – une actrice de cinéma – à la fin d'un spectacle – à propos d'un film – à propos dun voyage – un choix politique.

2 ■ Barrez le mot en trop dans chaque phrase.

Ex. : Arvel lave plus blanc ~~aussi~~ que Bash.

a. Conduire un train est aussi fatigant plus que conduire une voiture.

b. Cette exposition est aussi meilleure que la précédente.

c. L'accueil de ce pays est beaucoup bien mieux organisé.

d. J'ai trouvé la meilleure représentation très bonne.

grammaire

3 ■ Complétez.

*Ex. : Quel bruit ! Le cadre de vie est **plus** agréable ici **que** là-bas.*

a. Les congés sont .... longs en Europe .... aux États-Unis.

b. Les bénéfices baissent, ils sont .... importants .... l'année dernière.

c. Je trouve que le frère et la sœur sont .... gentils l'un .... l'autre.

d. Romain est très rapide ; je cours beaucoup .... vite .... lui.

e. Tu as vu la qualité ! C'est beaucoup .... dans l'autre magasin.

4 ■ Complétez avec « bon », « bien », « mieux », « meilleur », « le meilleur ».

Deux amateurs de cinéma discutent :

– Luc Besson est un .... réalisateur, c'est vrai ; il filme très .... les scènes d'action.

– Moi, je trouve que Mathieu Kassowitz est .... Ses scénarios sont .... écrits,

c'est plus complexe. Pour moi, Kassowitz est .... cinéaste de sa génération.

5 ■ Complétez avec « plus », « meilleur », « bon », « moins ».

*Ex. : Vous n'avez rien de **mieux** ? – Non, désolé.*

a. Je trouve finalement Paris .... agréable à vivre que Londres.

– Moi, c'est le contraire.

b. Ce n'est pas .... marché !

– C'est une très belle montre, monsieur !

c. Vous n'avez rien de .... cher ?

– Si, ce tapis marocain est .... cher que celui du Belouchistan.

d. Je voudrais ....

– Prenez ça ! Il n'y a rien de mieux !

6■ « Bon » ou « bien » ?

a. C'est un type ....

b. – Tu as goûté ? C'est très ....

c. – Tu trouves .... ses sculptures ? – Oui, j'aime .... C'est un ....
sculpteur.

d. – Vous connaissez .... Bordeaux ? – Surtout ses .... vins.

e. – Alors les résultats ? – Pas ....

2 commentez des quantités et des actions

vocabulaire

7■ Trouvez le contraire.

*Ex. : partir ≠ **rester.***

a. vendre ≠ ....
b. chance ≠ ....
c. gagner ≠ ....
d. souvent ≠ ....

e. à l'aise ≠ ....
f. travail ≠ ....
g. cher ≠ ....

8■ Ressemblances et différences. Comparez ces deux portraits.

grammaire

9■ Constatez.

Ex. : Pascal travaille 10 heures par jour, Antoine, 8. → ***Pascal travaille beaucoup plus qu'Antoine.***

a. Anaïs gagne 2 500 €, Laure, 2 450 €.

→ Laure ....

b. Romain dépense 500 €, Camille 950 €.

→ Camille ....

c. Patrick sort une fois par semaine, Maria, quatre fois.

→ Patrick ....

d. Inès joue 7 jours sur 7, Maria, 6 jours sur 7.

→ Maria ....

e. Patrick lit 20 livres par an, Romain, 5.

→ Patrick ....

10■ Pourquoi ? Parce que... il veut tout savoir. Répondez comme dans l'exemple.

*Ex. : Pourquoi Camille a choisi la « Scenic » ? – **Parce qu'elle la trouve plus mignonne.***

a. Pourquoi tu te couches tôt ?

(se lever tôt) – ....

b. Pourquoi tu ne voyages qu'en voiture ou en train ?

(peur de l'avion) – ....

c. Pourquoi vous n'habitez pas en ville ?

(préférer la campagne) – ....

d. Pourquoi elle quitte l'entreprise ?

(travailler au Mexique) – ....

e. Pourquoi tu ne sors pas ce soir ?

(ne pas avoir envie) – ....

écrit

11■ Difficile de choisir. Comparez ces maisons.

(a)

(b)

(c)

....

....

....

....

3 exprimer la ressemblance et la différence

12 ■ Des mots semblables et différents.

a. De l'oral à l'écrit.

Oral : J'sais pas si j'pourrais faire c'que vous v'lez.

Écrit : ....

b. À partir de mots quotidiens, voici des expressions de professionnels. Trouvez leur sens.
Ex. : Frigo = frigidaire.

Mettre une information au frigo = ...

Ex. : Chapeau = se met sur la tête pour la couvrir.

Chapeau (ou chapô) d'un article de presse = ...

c. Développez les abréviations :

– Simples : ciné = ...

– Courtes : M. = ... ; N° = ...

– Des sigles : HLM = ... ; RMI = ...

d. Des mots français venus d'ailleurs : qu'est-ce que c'est ? Devinez.

– d'Afrique : une essencerie = ...

– de Belgique : cartes vue = ...

– du Canada : casse-croûte = ...

13 ■ Comparatif ou superlatif ?

*Ex. : Il a **plus de** chance **que** moi.*

a. Cette voiture est .... spacieuse.

b. Regarde, c'est la publicité .... originale et .... commerciale.

c. Trouvez-moi un collaborateur .... compétent.

d. Notre journal est .... lu de tous.

e. Vous connaissez le film « Le jour .... long » ?

f. Vous pouvez chercher, il n'y a pas .... journaliste dans notre journal que Philippe.

14 ■ Transformez.

Ex. : L'Équipe est plus lu que les autres journaux. → ***C'est le journal le plus lu.***

Des choses de la vie des Français qu'il faut connaître...

a. Pour les Français, il n'y a pas de fête plus importante que Noël.

→ ....

b. Le Président et le Premier ministre sont plus connus que les autres hommes ou femmes politiques.

→ ....

c. L'élection du Président est plus importante que les autres.

→ ....

d. Le football est plus pratiqué que les autres sports.

→ ....

e. Le cinéma est plus fréquenté que les autres spectacles.

→ ....

15■ C'est plus ou c'est moins ? Faites comme dans l'exemple.

*Ex. : 350, c'est le plus grand nombre de fromages en Europe ? – **Oui, c'est le plus grand nombre.***

a. Dix millions d'habitants en Île-de-France, c'est plus que la région de Londres ?

....

b. Où est-ce qu'il y a le plus de visiteurs : à la tour Eiffel ou à Dysneyland ?

....

c. Quel est le sport le plus pratiqué : le football, le tennis ou le judo ?

....

d. Quel est le loisir le moins pratiqué : le sport, la lecture ou la télévision ?

....

e. Il y a 170 millions de spectateurs de cinéma, c'est beaucoup plus ou beaucoup moins que dans les autres pays d'Europe ?

....

écrit

16■ Construisez un quizz de connaissance de la France (avec l'aide de votre livre) sur le modèle de l'exercice 19 (5 questions).

....
....
....
....
....
....

faire des suppositions
vocabulaire

17■ Formulez la demande. Faites correspondre les situations et les réponses.

a. M'aider à transporter le ficus.
b. Prêter sa voiture.
c. Proposer d'aller faire du sport.
d. Aider quelqu'un.
e. Proposer d'aller au cinéma.
f. Proposer d'écouter un disque.

1. Non excuse-moi, je n'ai pas le temps.
2. Tiens, voilà les clés.
3. Oh ! oui, je ne l'ai jamais entendu.
4. D'accord, rendez-vous dimanche au stade.
5. Non pas aujourd'hui, j'ai envie d'aller me promener.
6. Alors, qu'est-ce que je dois faire ?

18■ Trouvez la réponse à la suggestion.

*Ex. : – Et si je dis non ? – **Je serai de mauvaise humeur.***

a. On prend un petit café ?

– ....

b. On s'arrête un peu ?

– ....

c. Je peux ouvrir la fenêtre ?

– ....

d. Si on recommence à 3 h, ça va ?

– ....

e. On va au resto ce soir ?

– ....

Je préfère avancer – Au resto oui, mais quel resto ? – Pas plus tard, je voudrais partir tôt – Oh oui, volontiers – Non j'ai froid.

19■ Complétez avec « amener », « emmener », « apporter », « aller chercher », « accompagner », « emporter ».

a. Camille, vous pouvez .... le contrat ?

b. Je t' .... au cinéma ce soir ? Oui, si tu m' .... en voiture.

c. Pour le dîner ce soir, ... un peu de pain, je n'en ai plus.

d. Si on ne rentre pas avant ce soir, on .... quoi ? des sandwiches ?

e. Je prends le bus, tu m' .... ?

f. Je .... le rétroprojecteur au bureau, tu sais où il est ?

20■ Complétez.

Si (on, tu, il, elle, nous, vous, ils) le font, ça se passera vraiment comme ça...
*Ex. : Si elle met le ficus dans son studio, **elle ne pourra plus bouger**.*

a. *(n'avoir plus faim)* : Si tu manges maintenant, ...

b. *(faire le projet seul)* : Si nous ne trouvons pas de partenaire, ...

c. *(être très triste)* : Si elle ne vient pas à ma fête, je ....

d. *(croire)* : Si tu racontes cette histoire, personne ....

e. *(recruter)* : Si je pars, vous ....?

21 ■ Faites des suppositions comme dans l'exemple.

*Ex. : A – **Et si je ne parle pas ?** B – Je serai de mauvaise humeur.*

a. A – *(partir)* ....?
  B – Je partirai seule.

b. A – *(appeler)* ....?
  B – C'est moi qui t'appellerai.

c. A – *(faire attention)* ....?
  B – Vous deviendrez très gros.

d. A – *(venir en vacances avec toi)* ....?
  B – Je resterai ici.

e. A – *(vouloir cette voiture)* ....?
  B – Je la vendrai !

22■ Et s'il ne veut pas se marier, qu'est-ce que vous lui direz ?
Et si elle ne veut pas se marier, qu'est-ce que vous lui direz ?

....

....

....

....

5 comparer les lieux

vocabulaire

23■ Classez les mots de la liste.

Relief : **colline,** ....

Eau : **lac,** ....

Végétaux : **fleurs,** ....

forêt – fleuve – plaine – océan – colline – plage – cascade – arbres – lac – sommet – rivière – fleurs – montagne – mer – vallée.

24■ Décrivez le temps qu'il fait : classez les expressions.

Beau temps	Mauvais temps
....	....
....	....
....	....
....	....

il fait chaud – il y a du soleil – il fait du vent – il pleut – il gèle – il fait doux – j'ai froid – nuageux – les températures sont fraîches – il y a un orage – il fait bon – les températures sont douces – il neige – il fait beau – j'ai chaud.

25■ Éliminez l'intrus.

a. chaud ; lourd ; orageux ; gel ; doux ; ensoleillé.

b. pluie ; vent ; soleil ; neige ; orage ; nuageux.

c. il neige ; il pleut ; il fait froid ; il gèle ; il y a un orage ; le vent souffle.

grammaire

26■ Complétez avec des verbes au temps qui convient.

Parler de la pluie et du beau temps.

a. – Il .... pendant vos vacances ?

– Oui, nous .... un temps magnifique.

b. – Quel temps .... demain ?

– La météo .... un temps orageux.

c. – Il .... froid dehors ?

– Oui, et il .... beaucoup de vent.

d. – Tu te souviens de l'hiver dernier ?

– Oh, oui, il .... très froid et il .... beaucoup .... ; la campagne était toute blanche.

27■ Exprimez un point de vue avec les mots « aimer », « préférer », « adorer », « trouver », « détester », « s'intéresser ».

Ex. : Pourquoi est-ce que Camille aime la mer ? (se baigner) → **Parce qu'elle adore se baigner.**

a. Pourquoi est-ce qu'Antoine préfère passer ses vacances à la montagne ?

(se promener) ....

b. Pourquoi est-ce que Romain passe ses vacances en ville ?

(*nature dangereuse*) ....

c. Pourquoi est-ce que Marie-Sophie va tous les étés en Italie ?

(*les Italiens !*) ....

d. Pourquoi est-ce que Patrick aime voyager en Grèce ?

(*civilisations anciennes*) ....

e. Pourquoi est-ce que Stéphane va toujours en janvier et en février en Amérique centrale et en Amérique du Sud ?

(*l'hiver en Europe*) ....

28■ Rappelle-toi, quel voyage ! Complétez ce récit.

« On était partis un beau jour du mois de mai, il .... un temps magnifique.

L'été .... déjà là. L'air .... bon et il .... une lumière très douce.

Quand nous .... en Grèce, nous .... tout de suite partis vers le nord. L'arrivée à

Delphes .... magique. Quelle beauté ! Nous .... là des heures au milieu des

ruines des temples. Nous .... le sentiment de vivre un moment d'éternité.

Puis nous .... à Athènes pour découvrir d'autres merveilles, mais aussi les petits cafés de Plaka

et la gentillesse des Grecs. »

écrit

29■ Décrivez cette photo et imaginez le voyage autour de cette photo.

....
....
....
....
....
....
....
....
....
....
....

6 parler de la télévision
vocabulaire

30■ Radio ou télévision : donnez les équivalents.

À la radio	À la télévision
Un poste de radio	*un téléviseur*
....	une chaîne de télévision
un auditeur	....
un animateur	....
....	le câble
changer de station	....
écouter	....

31■ Éliminez l'intrus.

a. Genres : magazine ; reportage ; jeux ; téléfilm.

b. Formes : interview ; reportage ; feuilleton ; débat.

c. Récepteurs : téléspectateur ; auditeur ; lecteur ; présentateur.

d. Acteurs : reporter ; animateur ; présentateur ; spectateur.

e. Actions : zapper ; regarder ; écouter ; écrire.

32■ Faites correspondre.

Quand je regarde une émission sur...

a. l'amour fou
b. les cyberbébés
c. la faune
d. l'enquête de la commissaire
e. les milliardaires
f. les célébrités
g. des peuples lointains

Je m'intéresse...

1. à l'argent
2. à la nature
3. à la science
4. aux sentiments
5. aux autres
6. à la société
7. au show-business

grammaire

33■ Pour orienter un choix, posez des questions selon la situation.

Ex. : Ce soir il y a un feuilleton, un téléfilm, le débat, qu'est-ce que tu veux regarder ?
– Je voudrais bien regarder le débat sur les relations parents-enfants !

a. ....?
– J'aimerais voir le feuilleton.

b. ....?
– Je préfère regarder le téléfilm, mais si tu veux regarder le feuilleton...

c. ....?
– J'ai envie de regarder le jeu.

34■ Pourquoi ? Parce que... Répondez aux questions en utilisant des pronoms.

Ex. : Pourquoi tu ne regardes pas les émissions de variétés ? – Parce qu'il y en a trop.

a. Pourquoi tu n'as pas la télévision ?
(vouloir) ....

b. Pourquoi tu ne veux pas regarder le jeu, c'est très drôle ?
(avoir envie) ....

c. Pourquoi tu ne regardes que les émissions politiques ?
(adorer) ....

d. Pourquoi tu ne parles jamais des émissions de télévision ?
(regarder) ....

écrit

35■ Mon programme de télévision idéal.

....
....
....

1 poser un problème

vocabulaire

1 ■ Trouvez le nom.

*Ex. : fêter : **la fête.***

a. créer : ....

b. rompre : ....

c. solutionner : ....

d. assassiner : ....

e. participer : ....

f. gagner : ....

g. communiquer : ....

h. hésiter : ....

i. proposer : ....

j. rentrer : ....

2 ■ Dites-le autrement sans utiliser de verbes.

Ex. : Ils n'ont rien proposé de nouveau. → ***Pas de nouvelles propositions.***

a. Des milliers d'emplois ont été créés.

→ ....

b. Le gouvernement communique difficilement avec les fonctionnaires.

→ ....

c. L'équipe de France de football a gagné magnifiquement.

→ ....

d. Ils hésitent encore à rentrer au pays.

→ ....

e. Ils ont été peu nombreux à participer à la fête.

→ ....

3 ■ Dites-le autrement pour varier le vocabulaire dans un même texte.

*Ex. : nombreux : **un grand nombre de ; beaucoup de...***

a. l'emploi : ....

b. le chef d'entreprise : ....

c. l'entreprise : ....

d. le problème : ....

grammaire

4 ■ Posez le problème et dites-le autrement.

Ex. : Les jeunes fument trop : → ***Comment aider les jeunes à moins fumer ?***

a. Dire non à la dictature des médias.

....

b. Relation des hommes politiques face aux chasseurs.

....

c. Des solutions pour conserver sa beauté.

....

d. Bien manger et mieux vivre, c'est possible !

....

écrit

5■ Réduisez ce texte.

Sur la route des vacances, le 30 juin, le voyage est devenu une aventure : 10 touristes oubliés sur un parking… L'évènement a eu lieu entre Grenoble et Gap sur la route Napoléon. Il était 7 h du soir et il faisait beau. Les touristes avaient visité Grenoble, le château de Vizille, point de départ de la Révolution française. Ils s'étaient arrêté sur le plateau du Vercors, haut lieu de la résistance.

La surprise a été grande. Un passager raconte : « Tout s'est passé très vite. Quelqu'un a vu le car s'éloigner, a couru derrière, a crié. Mais rien à faire, le car a continué. »

Les touristes étaient en train d'admirer le paysage. Ils n'ont pas entendu le chauffeur appeler. Celui-ci était très mécontent de l'indiscipline des voyageurs qui n'étaient jamais à l'heure.

Il a décidé de partir. Les 10 touristes ont passé la nuit dehors. Ils voulaient arriver à Gap pour l'heure du dîner. Personne ne s'est arrêté pour les aider.

....

....

....

....

6■ Rédigez à votre tour un fait divers sur le modèle « qui, quoi, où, quand, comment, pourquoi ».

....

....

....

....

2 caractériser une action

vocabulaire

7 ▪ Trouvez l'adverbe.

*Ex. : lent : **lentement.***

a. froid : . . . .

b. différent : . . . .

c. rapide : . . . .

d. rare : . . . .

e. gentil : . . . .

f. difficile : . . . .

g. généreux : . . . .

h. intelligent : . . . .

i. parfait : . . . .

8 ▪ Dites-le autrement.

Ex. : Vous travaillez courageusement. → ***Vous travaillez avec courage.***

a. Tu dois lui parler fermement. → . . . .

b. Je lui ai répondu gentiment. → . . . .

c. Écris-lui tendrement des mots doux. → . . . .

d. J'ai trouvé très difficilement votre rue. → . . . .

e. Il a appris rapidement le français. → . . . .

grammaire

9 ▪ Répondez en employant « y ».

*Ex. : Il y aura qui à ce débat ? – **Deveau y sera.***

a. Vous êtes déjà allés au Festival de Cannes ?

– Non, ...

b. Tu seras à la conférence ?

– Non, ...

c. Vous viendrez au salon ?

– Oui, ...

d. Alors, vous travaillez beaucoup à ce projet ?

– Oui, ...

e. Tu as réfléchi à ma proposition ?

– Oui, ...

10 ▪ Employez « en » ou « y ».

*Ex. : Vous partez en vacances ? – **Non, nous en revenons.***

a. Vous arrivez de Montpellier ?

– Oui, ...

b. Et vous allez ensuite à Marseille ?

– Oui, ...

c. Vous habitez à Marseille ?

– Oui, ...

d. Vous reprenez un peu d'eau minérale ?

– Oui, ...

e. Et vous avez des enfants ?

– Oui, ...

f. Ils sont déjà à Marseille ?

– Non, ...

11 ■ Vous expliquez à un ami ou à une amie :
– comment trouver un stage à l'étranger ;
– comment échanger un appartement pour les vacances.

....

....

....

....

....

....

3 parler de la santé

vocabulaire

12 ■ Complétez.

Votre portrait n'est pas très réussi. Apprenez à dessiner !

C'est quoi cette ...., elle est trop grosse : les .... sont trop petits ;

la .... est trop grande ; où est passé .... ?

Pourquoi .... ne se voit-il pas ?

Les .... sont aussi trop longues et les .... beaucoup trop petites.

Pourquoi lui manque-t-il un .... à la main droite ? Et les ...., ce sont ceux de

Charlot.

grammaire

13 ■ Complétez.

Au téléphone avec un ou une collègue.

« Ce matin, je ne .... pas très bien ; j' .... très .... à la tête et

j' .... des douleurs partout. Je crois que j' .... la grippe.

Hier soir, j'ai commencé à .... des douleurs. Cette nuit, j'ai pensé, demain ça ....

Mais au réveil je ne .... pas mieux, bien au contraire. Je pense que je ne viendrai pas travailler. »

se sentir – avoir (mal) – aller (mieux) – être.

14■ Complétez.

*Ex. : Ça va ? – **Oui, ça va aller.***

– Je crois que je ne vais pas pouvoir travailler...

– Bon alors, ... *(annuler)* le rendez-vous. Si tu te sens mal, on .... *(recevoir)* les partenaires.

– Quand est-ce qu'on .... *(rencontrer les partenaires)* alors ?

– Quand tu .... *(aller mieux).*

– Et pour le rendez-vous à Athènes ?

– Tu ne .... *(pouvoir partir)* comme ça ! Non, tu .... *(rentrer)* tranquillement à la maison, tu .... *(se reposer)* et on .... *(reparler)* tranquillement de tout ça la semaine prochaine.

15■ Quelques conseils pour être en bonne santé.

*Ex. : (se coucher) : **Couchez-vous tôt.***

a. *(commencer)* : .... lentement la matinée.

b. *(boire)* : .... de l'eau au lever.

c. *(manger)* : .... des fruits et des produits frais.

d. *(prendre)* : .... un bon petit déjeuner.

e. *(faire)* : .... plusieurs pauses courtes dans la journée.

f. *(choisir)* : .... des aliments équilibrés.

g. *(vivre)* : .... le plus possible au grand air.

écrit

16■ Voici quelques proverbes : à quels conseils correspondent-ils :

a. « Aide-toi le ciel t'aidera ».

....

b. « Qui dort dîne ».

....

c. « La nuit porte conseil ».

....

d. « Rien ne sert de courir, il faut partir à temps ».

....

4 interdire - autoriser

vocabulaire

17■ Classez les expressions par catégories.

défense d'entrer – interdit aux moins de 13 ans – pêche interdite – prière de ne pas fumer – baignade interdite – défense de marcher sur les pelouses – interdit de donner à manger aux animaux – stationnement interdit – entrée interdite – prière de ne pas entrer – défense de parler au conducteur – interdit de fumer – pourboire interdit – interdit aux personnes étrangères à l'immeuble – prière de ne pas toucher.

a. .... interdit(e).

b. Défense de ....

c. Prière de ....

d. Interdit ....

18■ Dites-le autrement.

Ex. : Il est interdit d'entrer. → **N'entrez pas !**

a. Il est interdit de skier.

→ ....

b. Il est interdit de téléphoner.

→ ....

c. Il est interdit de quitter son poste de travail.

→ ....

d. Il est interdit de parler à voix haute.

→ ....

19■ Vous interdisez poliment (demander) ou catégoriquement (interdire).

Ex. : À un étudiant de sortir du cours.

– **Je vous demande d'attendre la fin du cours.**

a. À un employé de quitter son poste de travail.

– ....

b. À un client de toucher aux fruits et légumes.

– ....

c. À un enfant d'aller au match de football.

– ....

d. À un employé de passer des coups de téléphone personnels pendant le service.

– ....

e. À un collaborateur de ne pas recevoir un concurrent en rendez-vous.

– ....

20■ Donnez l'autorisation.

Ex. : Un collaborateur souhaite vous partir à 7 heures au lieu de 9 heures. Qu'est-ce que vous dites ?

– **Vous pourrez partir à 7 h.**

a. Un étudiant souhaite ne pas devoir assister au prochain cours pour affaire personnelle :

– ....

b. Une assistante souhaite partir une heure plus tôt, à 17 h au lieu de 18 h :

– ....

c. Un client souhaite renvoyer de la marchandise. Vous êtes d'accord :

– ....

d. Le directeur commercial souhaite avoir un collaborateur de plus. Vous donnez votre accord pour le recrutement :

– ....

e. Vous souhaitez couper 20 lignes dans un article. Le rédacteur en chef est d'accord :

– ....

écrit

**21■ Vous êtes parent : qu'est-ce que vous interdisez, qu'est-ce que vous autorisez ?
Faites la liste (10 items).**

....
....
....
....

5 connaître la vie politique
vocabulaire

22■ Complétez les séries de mots.

élection	électeur	élire
présidence	....	....
....	gouvernant	....
....	....	administrer
....	manifestant	....
grève	....	....
....	....	sonder
représentation (nationale)	....	....
....	militant	....

23■ Ils ont le même sens ; mettez-les ensemble.

Ex. : Le Président = **Le chef de l'État.**

a. Le Premier ministre = ...

b. Un député = ...

c. Un ministre = ...

d. Le Parlement = ...

e. Les sondages = ...

f. Un ambassadeur = ...

un membre du gouvernement – l'Assemblée nationale – le chef du gouvernement – le représentant de la France – les enquêtes d'opinion – un membre de la représentation nationale.

24■ Qu'est-ce qu'ils font ?

a. Le Président .... le Premier ministre.

b. Le Premier ministre .... les ministres.

c. Le gouvernement .... l'administration.

d. Les députés .... les lois.

e. Les électeurs .... les députés.

f. Le Parlement .... la nation.

g. L'ambassadeur .... la France.

h. Les contribuables .... les impôts.

i. Les juges .... la justice.

j. L'armée .... la nation.

k. Les syndicats .... les travailleurs.

payer – défendre – élire – diriger – rendre – nommer – représenter – choisir – voter.

grammaire

25■ Mettez à l'impératif.

*Ex. : Le général de Gaulle : « Françaises, Français, **aidez-moi !** »*

a. Il faut soutenir notre action.

« .... »

b. Vous devez nous rejoindre pour gagner.

« .... »

c. Nous avons besoin de votre soutien.

« .... »

d. Vous devez voter pour les candidats de notre parti.

« .... »

e. Nous devons travailler ensemble à construire l'avenir de notre pays.

« .... »

f. Dimanche, nous gagnerons si nous sommes tous unis.

« .... »

26■ Faire des promesses.

*Demain sera mieux qu'aujourd'hui. Nous (gagner) **gagnerons** la bataille de l'emploi.*

a. Nous (être à l'écoute) .... des Françaises et des Français.

b. Nous (défendre) .... les avantages sociaux.

c. Nous (interdire) .... la circulation des camions.

d. Nous (détruire) .... les armes nucléaires.

e. Nous (diminuer) .... les impôts.

f. Nous (prendre) .... des mesures de sécurité pour tous.

écrit

27 ■ Lire un sondage électoral.

a. À quelle élection l'extrême gauche a-t-elle réussi le résultat le plus important ?

....

....

b. Quel a été le plus petit résultat du Front national ?

....

....

c. Quel est le plus petit résultat fait par la droite ?

....

....

d. Quand la gauche a-t-elle fait le plus de résultat ?

....

....

la répartition des voix au premier tour des quatre dernières élections présidentielles			
RÉSULTATS DES FAMILLES POLITIQUES AUX ÉLECTIONS PRÉSIDENTIELLES DEPUIS 1974			en **pourcentage** des suffrages exprimés
ÉLECTION 1974	**ÉLECTION 1981**	**ÉLECTION 1988**	**ÉLECTION 1995**
■ **EXTRÊME GAUCHE** • *1er tour* Laguiller........2,33┐ Krivine..........0,37┘ ─ **2,70**	• *1er tour* Laguiller.......2,30┐ Bouchardeau 1,11┘ ─ **3,41**	• *1er tour* Laguiller.......1,99┐ Boussel.........0,38┤─ **4,47** Juquin...........2,10┘	• *1er tour* Laguiller....................**5,30**
■ **GAUCHE** • *1er tour* Muller............0,69┐ Mitterrand..43,25┘ ─ **43,94**	• *1er tour* Marchais....15,35┐ Crépeau.......2,21┤─ **43,41** Mitterrand 25,85┘	• *1er tour* Lajoinie........6,76┐ Mitterrand 34,11┘ ─ **40,87**	• *1er tour* Hue..............8,64┐ Jospin..........23,30┘ ─ **31,94**
• *2e tour* Mitterrand............. **49,19**	• *2e tour* ÉLU Mitterrand............. **51,76**	• *2e tour* ÉLU Mitterrand............. **54,02**	• *2e tour* Jospin........................**47,36**
■ **ÉCOLOGISTES** • *1er tour* Dumont.......................**1,32**	• *1er tour* Lalonde......................**3,88**	• *1er tour* Waechter...................**3,78**	• *1er tour* Voynet.......................**3,32**
■ **DROITE** • *1er tour* Giscard........32,60┐ Chaban-D. ..15,11┤─ **50,88** Royer............3,17┘	• *1er tour* Giscard.......28,32┐ Chirac.........18,00┤─ **49,31** Debré............1,66┤ Garaud..........1,33┘	• *1er tour* Barre...........16,54┐ Chirac.........19,96┘ ─ **36,50**	• *1er tour* Balladur......18,58┐ Chirac.........20,84┤─ **44,16** Villiers.........4,74┘
• *2e tour* ÉLU Giscard.................. **50,81**	• *2e tour* Giscard.................. **48,24**	• *2e tour* Chirac.................. **45,98**	• *2e tour* ÉLU Chirac........................**52,64**
■ **EXTRÊME DROITE** • *1er tour* Le Pen......................... 0,75		• *1er tour* Le Pen.........................**14,38**	• *1er tour* Le Pen.........................**15,00**

Les principaux candidats aux élections présidentielles depuis 1974 ont été rangés par grandes familles politiques. Leurs résultats sont donnés en caractères maigres. La totalisation des suffrages exprimés obtenus par ces cinq familles est en caractère gras. En 1974 et en 1995, le total n'est pas égal à 100 % en raison de la présence de candidats inclassables, absents du tableau.

Le Monde.

1 décrire et caractériser un lieu

vocabulaire

1 ■ Classez les activités avec les verbes.

Je vais **au cinéma**, ...

Je visite ....

Je joue ....

Je fais ....

des amis – du VTT – au théâtre – au football – un monument – du rugby – au jeu vidéo – à la campagne – au concert – une exposition – au football – de la peinture – un petit village – du deltaplane – au restaurant – au musée – de la natation – du tennis – du piano.

2 ■ Classez les informations.

	Quoi ?	Où ?	Quand ?	Pour qui ?
Le Parc Astérix	*parc de loisirs*	*près de Paris*	*mars à octobre*	*en famille*
Musée du Louvre	....	....	....	....
La Géode	....	....	....	....
Les gorges de l'Ardèche	....	....	....	....
Le Pont-du-Gard	....	....	....	....

Musée du Louvre : métro Palais-Royal ; entrée Pyramide ; ouvert tous les jours sauf mardi et certains jours fériés. Collections permanentes (peinture française, italienne ; école germanique, flamande, espagnole, hollandaise, belge, russe, scandinave ; antiquités orientales, égyptiennes, grecques et romaines ; objets d'art et mobilier ; sculptures ; arts premiers.

La Géode. Parc de la Villette, XIXᵉ arrondissement, métro Porte-de-la-Villette et Porte-de-Pantin. Écran sphérique. Tous les jours. Au programme : *Origine Océan* : 10 h 30. 12 h 30. 15 h 30. 17 h 30. 19 h 30. 21 h 30. *L'Égypte des pharaons* : jeudi, samedi, mardi 20 h 30.

Les gorges de l'Ardèche. 48 km entre Vallon-Pont-d'Arc et Saint-Martin (département de l'Ardèche). Site naturel, haut lieu touristique. Paradis pour les amateurs d'escalade, de canyoning, de rafting, de vie sauvage et de camping troglodyte, et pour les spéléologues. Sites spectaculaires : belvédère du Serre-de-Tour, de la Madeleine, des templiers et le Pont-d'Arc, immense arcade de pierre créée par la rivière.

Le Pont-du-Gard. Sur la route entre Nîmes et Avignon, au nord de Nîmes, vieux de 2 000 ans, chef-d'œuvre de l'époque gallo-romaine, il apportait 20 000 mètres cubes d'eau à Nîmes. Haut de 50 m, il mesure 275 m de long. Il est formé de trois arcades superposées. On le visite en même temps que Nîmes. Le site est ouvert toute l'année.

3■ Économisez : avec deux phrases faites-en une.

Ex. : OK Corral est un parc d'attractions. Il vous transporte en plein Far-West.
   → **OK Corral est un parc d'attractions qui vous transporte en plein Far-West.**

a. J'ai écouté le dernier disque de Manu Chao. Il m'a beaucoup plu.

→ ....

b. J'ai vu *Nikita* de Luc Besson. Je voulais le voir depuis longtemps.

→ ....

c. Le Centre Pompidou est un endroit très agréable. J'aime bien y aller souvent.

→ ....

d. La municipalité a détruit un vieux quartier de notre ville. J'aimais le montrer à mes amis étrangers.

→ ....

e. Le directeur a présenté un nouveau logiciel. Il a beaucoup plu au client.

→ ....

4■ Aidez-vous de « que », « qui », « où » pour compléter ces descriptions.

a. Je cherche un grand appartement .... il y a une grande cuisine et .... est
proche de mon travail.
b. Dans *Carmen* .... j'ai vu hier soir à l'Opéra, la cantatrice .... chantait le rôle
était superbe.
c. Le logiciel .... je vous propose et .... vous pourrez essayer est très performant.
d. Le président de la République .... les Français ont élu souhaite une Europe plus forte.
e. Le journal .... je lis chaque jour, ... représente le mieux mes opinions
et .... écrit mon meilleur ami est très populaire.

écrit

5■ Votre région préférée : vous décrivez ses paysages, son climat, son art de vivre, sa culture.

....
....
....
....

2 exprimer ses sentiments
vocabulaire

6■ Classez les expressions.

Satisfaction : *j'ai apprécié*, ...
Insatisfaction : ....
Déception : ....
Plaisir : ....
Indifférence : ....

*J'ai apprécié – Ridicule – Parfait ! – Dommage ! – Tant pis ! – Formidable ! – Pas mal – Ça marche – Trop c'est
trop ! – Ni chaud ni froid – Extraordinaire ! – Ça y est ! – Ça me plaît beaucoup – Je trouve ça très bien – J'en ai
assez ! – Très mal – Ça alors ! – Passionnant ! – Étonnant ! – Ce n'est pas raisonnable !*

7 ■ Trouvez le contraire.

a. aimer ≠ ....

b. rire ≠ ....

c. la joie ≠ ....

d. se sentir bien ≠ ....

e. être heureux ≠ ....

f. apprécier ≠ ....

g. impatient ≠ ....

h. sympathique ≠ ....

i. indifférent ≠ ....

j. bonne humeur ≠ ....

8 ■ Éliminez l'intrus.

a. aimer ; adorer ; détester.

b. heureux ; déçu ; bien ; joyeux.

c. triste ; sombre ; amusant ; pessimiste.

d. changeant ; inquiet ; inattendu ; stable.

e. bizarre ; étrange ; étonnant ; rassurant.

9 ■ Comment sont-ils ?

Ex. : C'est un très beau travail. Ta nouvelle série de peintures est exceptionnelle. Bravo.
→ ***Satisfait.***

a. Tu me manques beaucoup ; j'ai très envie de te revoir. Je pense à toi. → ....

b. Allez, arrête de pleurer... La vie n'est pas qu'une vallée de larmes. → ....

c. Ridicule, mal joué ! La prochaine fois on ira au cinéma. → ....

d. Ah bon, d'accord ; eh bien tant pis ! Ça sera pour une autre fois. Non, ce n'est pas un problème ; allez, salut, à bientôt ! → ....

triste – indifférent – amoureux – déçu.

---

grammaire

10 ■ Exprimez des sentiments de manière catégorique.

Ex. : Je reviens très vite. → ***Ne sois pas triste !***

a. *(en vouloir)* : Désolé, mais il m'est impossible de venir. → ....

b. *(penser)* : Pourquoi tu pleures ? → ....

c. *(faire attention à soi)* : Je t'attends, sois prudent. → ....

d. *(pardonner)* : Je pensais que tu n'avais pas envie de m'entendre. → ....

e. *(s'inquiéter)* : Je ne pourrai pas te téléphoner. → ....

11 ■ Dites-le autrement. Utilisez les mots « croire », « penser », « dire », « espérer ».

Ex. : Tu ne m'en voudras pas, j'espère. → ***J'espère que tu ne m'en voudras pas.***

a. Tu verras, tu te sentiras bien.

→ ....

b. J'en suis sûr, ça ira mieux.

→ ....

c. Ça c'est sûr, il me l'a dit, il ne le reverra plus.

→ ....

d. Tu feras attention à toi, j'espère.

→ ....

e. Tu verras, ça te plaira.

→ ....

écrit

12■ Écrivez une page de journal intime où vous exprimez des sentiments.

....
....
....
....

3 voyager

vocabulaire

13■ Observez et répondez.

```
SNCF   BILLET          PARIS EST        → CHAUMONT
       A composter avant l accès au train
                                          01 ADULTE

UTILISABLE DU 23/11 AU 22/01/2002

Dép 23/11 à 19H15 de PARIS EST       Classe 2
Arr       à 21H31 à CHAUMONT
              TRAIN       1749
PLEIN TARIF

Dép       à       de ✱✱✱            Classe ✱
Arr       à       à

Prix par voyageur :   175.00              Prix FRF     ✱✱175.00
        KM0262          :           :DV 587975124  EUR     ✱✱26.68
    175                :           :CB 99999999●9  PARIS EST    231101  18H52
    B            08705958601972    :500680  Dossier  RQVQNI    Page 1/1
98001
```

Retrouvez sur le billet :

le lieu de départ : ....

le lieu d'arrivée : ....

l'heure de départ : ....

l'heure d'arrivée : ....

la classe de voyage : ....

le prix : ....

grammaire

14■ Dites-le autrement.

Ex. : La météo prévoit un temps très mauvais. → **Le temps que prévoit la météo va être très mauvais.**

a. L'avion devait partir à 13 h 15 pour Rio. Il est retardé.

→ ....

b. Les voyageurs garent leur voiture sur les parkings ; ils sont parfois victimes de vol de bagages.

→ ....

c. Tu as fait une réservation ; elle est annulée.

→ ....

d. Nous devions descendre à l'hôtel de la Riviera ; il est complet.

→ ....

e. Les camionneurs sont en colère ; ils bloquent les routes.

→ ....

15■ Répondez comme dans l'exemple.

Ex. : Pourquoi est-ce que vous n'êtes pas allés à Dysneyland ? (parc en grève)
– Nous ne sommes pas allés à Dysneyland parce que le parc était en grève.

a. Pourquoi est-ce que vous n'avez pas visité le château de Versailles ? *(fermé le mardi)*

– ....

b. Pourquoi est-ce que vous n'avez pas lu le journal d'aujourd'hui ? *(pas de parution)*

– ....

c. Pourquoi est-ce que vous n'êtes pas allés à l'opéra ? *(complet)*

– ....

d. Pourquoi est-ce que vous n'avez pas mangé de foie gras ? *(plus de foie gras)*

– ....

e. Pourquoi est-ce que vous n'avez pas assisté au spectacle en plein air ? *(pluie)*

– ....

16■ Complétez avec « personne », « jamais », « bien », « souvent », « toujours », « rarement », « très mal », « rien ».

Quel voyage organisé !

On ne voit .... ; on est .... accueilli ; les gens sont ....
sympathiques ; on ne mange .... Nous visitons .... seuls, il n'y
a .... pour nous accompagner. Nous passons .... notre temps à attendre un
guide qui ne vient ....

écrit

17■ Faites le récit d'une fête qui se passe mal.

....
....
....
....

4 définir

vocabulaire

18 ■ Trouvez le nom ou le verbe correspondant.

*Ex. : réparer : **réparation.***

a. .... : peinture

b. .... : décoration

c. .... : bricolage

d. construire : ....

e. coûter : ....

19 ■ Trouvez le synonyme.

a. pas cher : ....

b. très belle : ....

c. très vaste : ....

d. tout petit : ....

e. pas ordinaire : ....

f. difficile à trouver : ....

g. peu concerné : ....

h. à la mode : ....

i. très curieux : ....

j. agréable à vivre : ....

indifférent – extraordinaire – spacieux – bon marché – confortable – tendance – magnifique – minuscule – bizarre – introuvable.

20 ■ Trouvez la définition de chaque lieu.

*Ex. : La cuisine : **c'est le lieu où on prépare les repas**.*

a. La salle de bains : ....

b. La chambre : ....

c. Le jardin : ....

d. Le bureau : ....

grammaire

21 ■ Faites comme dans l'exemple.

<u>Cette maison</u> *ne m'a pas coûté cher.* → ***C'est une maison qui*** *ne m'a pas coûté cher.*

a. Il faut développer <u>les nouvelles technologies</u>.

→ ....

b. <u>La rédaction</u> a changé le titre.

→ ....

c. Je préfère <u>le climat de la Méditerranée</u>.

→ ....

d. Il faut combattre <u>la violence</u>.

→ ....

e. <u>Cette ville</u> a changé.

→ ....

22■ Insistez...

*Ex. : Et tu as tout réparé toi-même ? – Oui, j'ai tout réparé **moi-même**.*

a. Et vous avez tout fait vous-mêmes ?

– Oui, ...

b. Et elle a tout traduit elle-même ?

– Oui, ...

c. Et tu as tout écrit toi-même ?

– Oui, ...

d. Et il a tout changé lui-même ?

– Oui, ...

e. Et ils ont tout décoré eux-mêmes ?

– Oui, ...

écrit

23■ Décrivez la maison que vous avez louée cet été.

....

....

....

....

....

....

....

....

....

....

....

....

....

....

....

....

....

....

5 parler de ses lectures

vocabulaire

24■ Classez les mots par catégories.

Ils désignent une personne : ....

Ils désignent un objet : ....

le livre – la littérature – le créateur – les prix littéraires – l'émission – le lecteur – le lauréat – l'auteur – l'écrivain – le salon du livre – l'éditeur – le visiteur – l'animateur.

25 Comment un mot en amène un autre. Complétez avec les mots de la liste ci-dessus.

LITTÉRATURE

LIRE	....
FOIRE	....
PRIX	....
L'ÉMISSION	....

26 Voici les différents ouvrages qui sont cités dans votre livre de classe : *un guide touristique – un dictionnaire – un catalogue – un annuaire – un roman – une bande dessinée – un roman policier – un manuel.*

Classez-les par catégories.

Fiction : ....

Ouvrages pratiques : ....

Ouvrages scolaires : ....

27 Voici par ordre alphabétique la liste des auteurs qui sont cités dans votre livre et dans votre cahier d'exercices ; classez-les par siècle. Aidez-vous d'un dictionnaire.

Beaumarchais – Simone de Beauvoir – Camus – Duras – Dumas – Flaubert – Paul Fort – Hugo – Madame de La Fayette – Molière – Montaigne – Amélie Nothomb – Pagnol – Pétillon – Prévert – Racine – Sartre – Stendhal – Uderzo et Goscinny – Voltaire.

XVIe siècle : ....

XVIIe siècle : ....

XVIIIe siècle : ....

XIXe siècle : ....

XXe siècle : ....

XXIe siècle : ....

---

grammaire

28 Présentez ces romans à partir des éléments suivants. Faites un récit suivi en utilisant les relatifs.

Ex. : Amélie Nothomb : Hygiène de l'assassin.

Histoire d'un homme ignoble, méchant ; devient prix Nobel. Enquête de Nina, journaliste. Elle découvre son secret. → **C'est l'histoire d'un homme ignoble et méchant qui est devenu prix Nobel de littérature. Nina qui est journaliste enquête ; elle découvrira son secret.**

a. Marguerite Duras : *L'Amant*
Une jeune fille de quinze ans et demi élève au lycée de Hanoi ; le fils d'un riche marchand chinois ; le père du jeune homme l'a fiancé à une jeune Chinoise ; il devient l'amant de la jeune fille ; sa mère pauvre ne dit rien ; à la fin la jeune fille repart en France ; elle ne reverra jamais son amant.

....

....

....

b. Albert Camus : *L'Étranger*
Alger : Meursault est un employé de bureau ; il a une petite amie Marie. Il apprend la mort de sa mère et va indifférent à son enterrement. Le dimanche suivant avec Marie et deux amis il va à la plage ; ils sont suivis par deux Arabes ; ils se battent, l'ami est blessé. Plus tard Meursault revient seul ; il tue l'Arabe. Il va en prison. À son procès, il est condamné à mort.

....

....

....

c. Simone de Beauvoir : *Mémoires d'une jeune fille rangée*
Les années de jeunesse de l'écrivain ; une enfance heureuse dans un milieu conformiste et bourgeois ; la rencontre et l'amitié avec Zaza, sa meilleure amie ; la relation amoureuse avec Jacques ; les années étudiantes ; la découverte des cafés, de l'alcool et du jazz ; le début de la complicité avec Sartre.

. . . .
. . . .
. . . .

d. Jean-Paul Sartre : *La Nausée*
Antoine Roquentin, trente-cinq ans, de retour d'Indochine ; installation à Bouville ; projet de livre sur un aventurier du XVIIIe siècle ; écriture d'un journal sur lui-même pour y voir plus clair ; petit à petit, il ne voit plus rien comme avant : sa pipe, une fourchette, un verre de bière, la racine d'un arbre, les autres, lui donnent la nausée ; toutes ces choses, tous ces êtres n'ont pas à être là.

. . . .
. . . .
. . . .

écrit

29■ Quel est le livre français ou francophone que vous avez aimé ? Présentez l'auteur et dites ce que raconte le livre ?

. . . .
. . . .
. . . .
. . . .
. . . .

entraînement au DELF A2

Les épreuves orales de ces pages sont à faire en classe avec votre professeur : les documents sonores se trouvent dans les cassettes collectives de *Campus* et les séquences vidéo se trouvent sur la vidéo de *Campus*.

Compréhension de l'oral

1 **Regardez la vidéo et cochez la bonne réponse.** *(Unité 9, Un rendez-vous difficile)*

a. Maxime se présente à l'accueil :

☐ Pour prendre rendez-vous.

☐ Pour demander un renseignement.

☐ Pour parler à M. Doucet.

b. M. Doucet est :   ☐ Dans son bureau.   ☐ Á l'extérieur.   ☐ Au téléphone.

c. La secrétaire dit à Maxime qu'il doit :

☐ Reprendre rendez-vous.   ☐ Attendre longtemps.   ☐ Attendre jusqu'à 13 heures.

2 **Regardez la vidéo et cochez la bonne réponse.** *(Unité 11, Préparation)*

a. Qui a téléphoné ?

☐ Une chaîne nationale.   ☐ Une chaîne catalane.   ☐ Une chaîne régionale.

b. On organise un débat sur :   ☐ Le TGV.   ☐ Les transports.   ☐ La gare TGV.

c. Louise

☐ Est contente de participer à ce débat.

☐ Ne peut pas aller à ce débat.

☐ N'a pas envie de participer à ce débat.

3 **Écoutez le dialogue et donnez la bonne réponse.** *(enregistrement, page 140, bulletin météo du 15 août)*

a. Demain, il fera chaud :   ☐ Partout.   ☐ Seulement dans le Sud.   ☐ Sur une partie du territoire.

b. Quel temps fera-t-il le soir ?

☐   ☐   ☐

c. Écrivez la température qu'il fera dans ces différentes villes.

Villes	Températures
Grenoble	
Nantes	
Paris	
Perpignan	

Production orale

Étape 1

À deux. Présentez une personne de votre famille : votre sœur, votre frère, votre mère, etc.

Étape 2

Dites ce que vous faites pendant l'une de vos journées libres.

Étape 3

Vous invitez une amie. Donnez-lui l'itinéraire à suivre pour arriver à votre appartement. Regardez le vocabulaire utile pour s'orienter, page 49 du Livre de l'élève.

Compréhension des écrits

1 Observez la publicité suivante et répondez aux questions.

a. Pour quel événement cette publicité est-elle réalisée ? ....

b. Depuis quand cet événement existe-t-il ? ....

c. Combien de forfaits sont proposés ? ....

d. Le paiement par Internet est accepté. ☐ Vrai. ☐ Faux.

e. Que comprend le séjour proposé par la centrale de réservation *Loisirs Accueil Allier*, en plus de l'hébergement ? ....

f. Où pouvez-vous retrouver des informations touristiques sur l'Allier ? ....

2 **Lisez le document et répondez en cochant ou en écrivant la bonne réponse.**

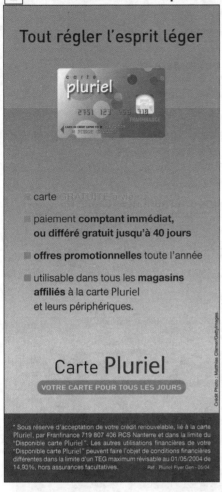

Tout régler l'esprit léger

Carte **pluriel**

2751 123 456 718

FRANFINANCE

- carte GRATUITE à vie

- paiement **comptant immédiat,**
  ou différé gratuit jusqu'à **40 jours**

- **offres promotionnelles** toute l'année

- utilisable dans tous les **magasins
  affiliés** à la carte Pluriel
  et leurs périphériques.

Carte **Pluriel**

VOTRE CARTE POUR TOUS LES JOURS

* Sous réserve d'acceptation de votre crédit renouvelable, lié à la carte Pluriel, par Franfinance 719 807 406 RCS Nanterre et dans la limite du "Disponible carte Pluriel". Les autres utilisations financières de votre "Disponible carte Pluriel" peuvent faire l'objet de conditions financières différentes dans la limite d'un TEG maximum révisable au 01/05/2004 de 14,93%, hors assurances facultatives. Ref : Pluriel Flyer Gen - 05/04

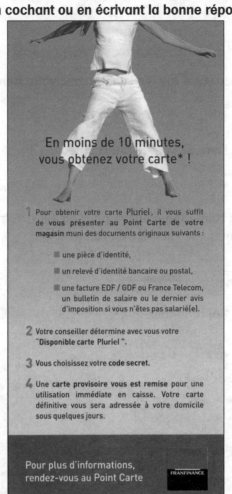

En moins de 10 minutes,
vous obtenez votre carte* !

1 Pour obtenir votre carte Pluriel, il vous suffit de vous présenter au Point Carte de votre magasin muni des documents originaux suivants :

- une pièce d'identité,

- un relevé d'identité bancaire ou postal,

- une facture EDF / GDF ou France Telecom, un bulletin de salaire ou le dernier avis d'imposition si vous n'êtes pas salarié(e).

2 Votre conseiller détermine avec vous votre "Disponible carte Pluriel".

3 Vous choisissez votre **code secret.**

4 Une **carte provisoire vous est remise** pour une utilisation immédiate en caisse. Votre carte définitive vous sera adressée à votre domicile sous quelques jours.

Pour plus d'informations,
rendez-vous au Point Carte

FRANFINANCE

a. Où peut-on obtenir la carte Pluriel ? ....

b. Combien de documents faut-il présenter ? ....

c. Quels avantages la carte offre-t-elle ? ....

d. Le client peut choisir le code de sa carte. ☐ Vrai. ☐ Faux. ☐ On ne sait pas.

3 **Lisez la lettre et répondez aux questions.**

Saint Yorre, lundi 23 janvier 2006

Aux parents d'élèves

Association des parents d'élèves

Mesdames, Messieurs,

La traditionnelle fête de la Chandeleur est dans un mois !!!

Super ! C'est l'occasion de nous retrouver, parents, enfants et professeurs autour de bonnes crêpes et d'une bolée de cidre.

Toutes les personnes qui le souhaitent peuvent se joindre à nous pour nous aider : acheter les produits, installer et décorer la salle, préparer la pâte à crêpe, etc.

Manifestez-vous et téléphonez à notre présidente au 06 14 32 67 89.

Cette rencontre nous permettra également de préparer nos classes d'été dans la ville jumelée à la nôtre. Comme vous le savez, nous faisons des échanges en fin d'année scolaire avec la ville de La Rochelle.

Alors, rendez-vous, mardi 28 février à 17 heures, à la salle polyvalente de notre commune.

Cordialement à tous,

Le secrétaire de l'association

Entraînement au DELF A2

a. Qui a envoyé cette lettre ? ....

b. Quel est l'objet de cette lettre ? ....

c. De quoi est-il question également dans la lettre ? ....

d. Quelle personne peut-on joindre pour y participer ? ....

e. Où la fête aura-t-elle lieu ? ....

Production écrite

1 Vous passez quelques jours à Vichy pour faire une cure de remise en forme. Vous écrivez à votre meilleur(e) ami(e) pour lui raconter comment votre séjour se passe. Votre lettre comportera entre 60 à 80 mots.

....
....
....
....

2 Votre amie Laurence vous envoie un courriel pour vous inviter le week-end prochain à l'un des spectacles proposés dans le cadre du festival des *Cultures du Monde* à Gannat. Vous acceptez avec plaisir et vous lui écrivez pour lui donner votre réponse. Votre courriel comportera entre 60 et 80 mots.

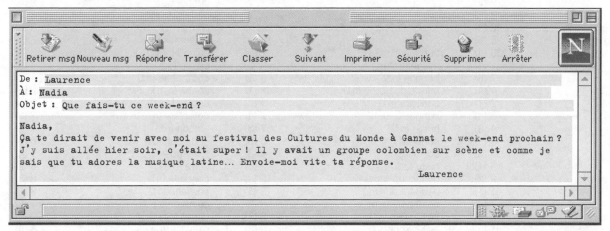

De : Laurence
À : Nadia
Objet : Que fais-tu ce week-end ?

Nadia,
Ça te dirait de venir avec moi au festival des Cultures du Monde à Gannat le week-end prochain ? J'y suis allée hier soir, c'était super ! Il y avait un groupe colombien sur scène et comme je sais que tu adores la musique latine... Envoie-moi vite ta réponse.
Laurence

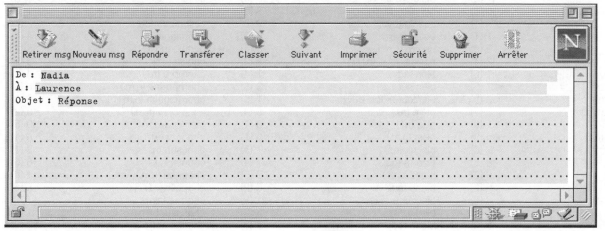

De : Nadia
À : Laurence
Objet : Réponse

....
....
....
....

Lexique

A

abandonner (v.)	7 (5)
abord (d') (adv.)	4 (4)
absence (n.f.)	12 (5)
absolument (adv.)	6 (1)
accent (n.m.)	2 (6)
accepter (v.)	9 (5)
accompagner (v.)	10 (4)
accord (d') (adv.)	2 (5)
accueil (n.m.)	5 (6)
acheter (v.)	4 (3)
acteur (n.m.)	3 (5)
activité (n.f.)	2 (5)
actualité (n.f.)	5 (6)
administration (n.f.)	9 (1)
admirer (v.)	8 (2)
adorer (v.)	2 (3)
adresse (n.f.)	2 (1)
adulte (n.m.)	10 (3)
aéroport (n.m.)	3 (2)
affaire (n.f.)	4 (4)
affiche (n.f.)	12 (5)
âge (n.m.)	2 (1)
agent (n.m.)	3 (5)
agneau (n.m.)	6 (5)
agréable (adj.)	2 (6)
agressivité (n.f.)	11 (2)
agriculteur (n.m.)	12 (3)
aider (v.)	10 (4)
ailleurs (adv.)	8 (6)
aimer (v.)	2 (3)
album (n.m.)	9 (2)
alcool (n.m.)	6 (4)
aller (v.)	2 (5)
alors (adv.)	2 (5)
ambassade (n.f.)	12 (3)
aménager (v.)	8 (6)
amener (v.)	10 (4)
ami (n.m.)	1 (4)
amour (n.m.)	7 (6)
amusant (adj.)	1 (4)
an (n.m.)	2 (1)
ananas (n.m.)	6 (4)
ancien (adj.)	4 (3)
animal (n.m.)	10 (3)
animer (v.)	10 (6)
année (n.f.)	3 (1)
anniversaire (n.m.)	9 (2)
annonce (n.f.)	11 (1)
annoncer (v.)	7 (4)
annuaire (n.m.)	5 (6)
annuler (v.)	11 (3)
antenne (n.f.)	10 (6)
appartement (n.m.)	4 (1)
appeler (s') (v.)	1 (1)
apporter (v.)	9 (5)
apprécier (v.)	12 (1)
apprendre (v.)	1 (6)
après (prép./adv.)	1 (5)
après (d') (adv.)	3 (5)
après-midi (n.m.f.)	3 (2)
arbre (n.m.)	1 (6)
architecte (n.m.f.)	5 (3)
architecture (n.f.)	8 (6)
arène (n.f.)	8 (6)
argent (n.m.)	4 (4), 6 (2)
armoire (n.f.)	6 (2)
arrêter (v.)	8 (3)
(s'arrêter) (v.)	8 (5)
arriver (v.)	3 (3)
article (n.m.)	7 (4)
artiste (n.m.f.)	1 (3)
asseoir (s')	4 (6)
assez (adv.)	6 (1)
assiette (n.f.)	6 (5)
association (n.f.)	11 (2)
assurance (n.f.)	2 (1)
atelier (n.m.)	5 (6)
attacher (v.)	12 (5)
attendre (v.)	3 (2)
attention (n.f.)	3 (3)
atterrir (v.)	12 (3)
attraction (n.f.)	12 (1)
attribuer (v.)	12 (5)
au-dessus de (loc. adv.)	4 (2)
aujourd'hui (adv.)	3 (1)
au revoir (loc. interj.)	1 (5)
aussi (adv. et conj.)	1 (1)
autant (adv.)	10 (2)
auteur (n.m.)	10 (6)
automne (n.m.)	3 (1)
autorisation (n.f.)	11 (4)
autoriser (v.)	11 (4)
autoroute (n.f.)	9 (3)
autour de (adv.)	4 (2)
autre (adj. pron. n.m.)	6 (1)
avaler (v.)	10 (3)
avance (en) (n.f.)	3 (2)
avant (prép. adv.)	3 (1)
avant-hier (adv.)	5 (1)
avec (prép. adv.)	2 (3)
aventure (n.f.)	12 (5)
avenue (n.f.)	1 (2)
avion (n.m.)	3 (2)
avoir (v.)	2 (1)

B

bagage (n.m.)	12 (3)
ballon (n.m.)	8 (2)
banane (n.f.)	6 (5)
bande dessinée (n.f.)	12 (1)
banlieue (n.f.)	4 (3)
banque (n.f.)	2 (4)
barbe (n.f.)	7 (3)
barre (n.f.)	5 (3)
bas (n.m.)	4 (3)
beau (adj.)	2 (6)
beaucoup (adv.)	2 (3)
beau-frère (n.m.)	8 (3)
beau-père (n.m.)	8 (3)
belle-mère (n.f.)	8 (3)
belle-sœur (n.f.)	8 (3)
bénéfice (n.m.)	9 (5)
besoin (avoir ... de)	9 (2)
béton (n.m.)	6 (2)
beurre (n.m.)	6 (5)
bibliothèque (n.f.)	3 (2)
bien (adv.)	1 (4)
bien sûr	3 (5)
bientôt (à) (loc. adv.)	1 (5)
bière (n.f.)	6 (4)
bille (n.f.)	8 (1)
billet (n.m.)	5 (6), 6 (1)
biscuit (n.f.)	7 (5)
bizarre (adj.)	7 (4)
blague (n.f.)	9 (5)
blanc (adj.)	6 (2)
blesser (se) (v.)	11 (3)
bleu (adj.)	6 (2)
blanc (adj.)	7 (3)

C

bloquer (v.)	12 (3)
blouson (n.m.)	6 (3)
bœuf (n.m.)	6 (5)
bohème (adj.)	10 (1)
boire (v.)	6 (4)
bois (n.m.)	6 (2)
boîte (n.f.)	5 (6), 6 (6)
bon (adj.)	2 (2)
bonjour (n.m.)	1 (1)
bonne nuit	1 (5)
bonsoir (n.m.)	1 (5)
bord (au ... de) (n.m.)	4 (2)
botte (n.f.)	6 (3)
bouche (n.f.)	7 (3)
bouger (v.)	10 (4)
boule (n.f.)	2 (6)
boulevard (n.m.)	4 (1)
bourgeois (adj.)	10 (1)
boutique (n.f.)	1 (4)
bracelet (n.m.)	6 (3)
bras (n.m.)	11 (3)
bravo (interj.)	1 (4)
bricolage (n.m.)	12 (4)
bruit (n.m.)	6 (4)
brun (adj.)	7 (3)
buffet (n.m.)	5 (1)
bureau (n.m.)	1 (5)
bus (n.m.)	5 (6)
but (n.m.)	8 (2)

cabaret (n.m.)	3 (2)
câble (n.m.)	10 (6)
cacher (v.)	9 (6)
cadeau (n.m.)	6 (1)
café (n.m.)	3 (2)
cahier (n.m.)	2 (2)
calendrier (n.m.)	3 (1)
calme (adj.)	4 (3)
campagne (n.f.)	4 (3)
canoë (n.m.)	2 (5)
capital (n.m.)	9 (5)
caractère (n.m.)	7 (3)
carotte (n.f.)	6 (5)
carte bancaire (n.f.)	6 (1)
postale (n.f.)	1 (4)
carré (adj.)	6 (2)
cascade (n.f.)	2 (5)
cassette (n.f.)	2 (2)
cathédrale (n.f.)	1 (2)
cause (n.f.)	12 (3)
ceinture (n.f.)	6 (3)
célèbre (adj.)	1 (3)
célibataire (adj.)	2 (1)
cendrier (n.m.)	4 (4)
certain (adj.)	5 (4)
chaise (n.f.)	6 (2)
chambre (n.f.)	4 (1)
champagne (n.m.)	6 (6)
champignon (n.m.)	6 (5)
champion (n.m.)	5 (2)
chance (n.f.)	10 (5)
changer (v.)	6 (1)
chanson (n.f.)	8 (1)
chanter (v.)	6 (6)
chapeau (n.m.)	1 (4)
chapelle (n.f.)	8 (6)
charme (n.m.)	7 (3)
chasseur (n.m.)	11 (1)
châtain (adj.)	7 (3)

château (n.m.) 1 (2)
chaud (adj.) 10 (5)
chauffeur (n.m.) 5 (6)
chaussette (n.f.) 6 (3)
chaussure (n.f.) 6 (3)
chef (n.m.) 7 (2)
chemise (n.f.) 6 (3)
chemisier (n.m.) 6 (3)
chèque (n.m.) 6 (1)
cher (adj.) 3 (5)
chéri (adj.) 3 (3)
chercher (v.) 1 (1)
cheval (n.m.) 2 (5)
cheveu (n.m.) 7 (3)
chez (prép.) 3 (3)
chic (adj.) 6 (3)
chiffre (n.m.) 5 (3)
chocolat (n.m.) 6 (5)
choisir (v.) 3 (6)
choix (n.m.) 3 (6)
cholestérol (n.m.) 12 (5)
chômeur (n.m.) 11 (1)
chose (n.f.) 8 (6)
ciel (n.m.) 10 (5)
cinéma (n.m.) 1 (1)
cirque (n.m.) 10 (4)
clair (adj.) 4 (3)
classe (n.f.) 3 (2)
classique (adj.) 6 (3)
client (n.m.) 4 (5)
climat (n.m.) 10 (5)
climatisation (n.f.) 2 (2)
clinique (n.f.) 11 (3)
cliquer (v.) 5 (6)
cocktail (n.m.) 6 (4)
coco (n.m.) 6 (4)
code (n.m.) 5 (2)
coffre (n.m.) 10 (1)
colère (n.f.) 12 (3)
collaboration (n.f.) 9 (5)
collection (n.f.) 2 (3)
collègue (n.m.f.) 2 (1)
colline (n.f.) 10 (5)
colloque (n.m.) 8 (6)
combattre (v.) 8 (6)
combien (adv.) 4 (1)
comédien (n.m.) 1 (1)
comique (adj.) 12 (3)
commander (v.) 6 (5)
comme (conj. adv.) 4 (6)
commencer (v.) 3 (2)
comment (adv.) 1 (1)
commercial (adj.) 2 (4)
commissaire (n.m.) 10 (6)
commune (n.f.) 10 (3)
communiquer (v.) 7 (6)
compagnie (n.f.) 2 (1)
comparer (v.) 10 (3)
compétent (adj.) 7 (4)
complet (adj.) 12 (3)
comportement (n.m.) 10 (3)
comprendre (v.) 1 (2)
concurrent (n.m.) 5 (4)
condition (n.f.) 9 (5)
confidence (n.f.) 7 (2)
confirmer (v.) 12 (3)
confiture (n.f.) 6 (5)
confortable (adj.) 4 (3)
congé (n.m.) 9 (3)
connaître (v.) 1 (3)
conquête (n.f.) 12 (1)
conseil (n.m.) 7 (2)
conseiller (n.m.) 11 (5)
construire (v.) 9 (6)
consulat (n.m.) 12 (3)
consulter (v.) 5 (6)
content (adj.) 7 (4)
continuer (v.) 4 (1)
contraire (adj.) 7 (1)
contrat (n.m.) 4 (4)
contre (prép. adv.) 8 (2)
contrôle (n.m.) 12 (3)
convenir (v.) 9 (5)
copain (copine) (n.m.f.) 4 (4)
copier (v.) 9 (6)
côté (à ... de) 4 (2)
côtelette (n.f.) 6 (5)
coton (n.m.) 6 (3)
cou (n.m.) 11 (3)
coucher (se) (v.) 4 (5)
couleur (n.f.) 6 (1)
couloir (n.m.) 4 (3)
coupe (n.f.) 8 (2)
couper (v.) 7 (4)
couple (n.m.) 8 (3)
cour (n.f.) 8 (6)
courageux (adj.) 7 (3)
coureur (n.m.) 4 (2)
cours (n.m.) 4 (5)
courses (faire les) 4 (5)
court (adj.) 6 (2)
cousin (n.m.) 8 (3)
couteau (n.m.) 7 (4)
coûter (v.) 6 (1)
cravate (n.f.) 6 (3)
créateur (n.m.) 5 (5)
créer (v.) 9 (1)
crème (n.f.) 6 (5)
cri (n.m.) 8 (2)
croire (v.) 7 (4)
croissant (n.m.) 6 (5)
crudité (n.f.) 6 (5)
cuir (n.m.) 6 (3)
cuisine (n.f.) 12 (4)
cuisinier (n.m.) 2 (4)
curieux (adj.) 4 (1)

D

dans (prép.) 2 (2)
danser (v.) 3 (6)
date (n.f.) 3 (1)
débarquer (v.) 12 (3)
débat (n.m.) 11 (2)
débrouiller (se) (v.) 11 (4)
début (n.m.) 12 (5)
décevoir (v.) 12 (5)
décision (n.f.) 10 (4)
décoller (v.) 12 (3)
décontracté (adj.) 6 (3)
décorer (v.) 6 (4)
découverte (n.f.) 1 (1)
découvrir (v.) 7 (5)
défendre (v.) 11 (4)
déjà (adv.) 9 (4)
déjeuner (n.m.) 3 (2)
deltaplane (n.m.) 2 (5)
demain (adv.) 2 (4)
demander (v.) 4 (1)
démarrer (v.) 12 (3)
dentiste (n.m.) 11 (3)
départ (n.m.) 10 (4)
département (n.m.) 11 (5)
dépêcher (se) (v.) 11 (4)
depuis (prép.) 8 (4)
déranger (v.) 10 (4)
dernier (adj.) 2 (3)
dérouler (se) (v.) 12 (5)
derrière (prép. adv.) 4 (2)
désert (adj.) 8 (2)
désolé (adj.) 7 (5)
désordre (n.m.) 4 (4)
dessert (n.m.) 6 (5)
dessin (n.m.) 6 (1)
dessiner (v.) 9 (6)
détente (n.f.) 5 (5)
détester (v.) 2 (3)
détruire (v.) 5 (4)
devant (prép. adv.) 1 (4)
développer (se) (v.) 9 (3)
devenir (v.) 8 (5)
devise (n.f.) 11 (5)
devoir (v.) 3 (4)
dictionnaire (n.m.) 2 (2)
dieu (n.m.) 8 (1)
différence (n.f.) 5 (3)
différent (adj.) 6 (1)
difficile (adj.) 2 (4)
dimension (n.f.) 10 (1)
dîner (n.m.) 4 (5)
dire (v.) 3 (5)
directeur (n.m.) 2 (2)
dirigeant (n.m.) 11 (2)
diriger (v.) 9 (1)
disparition (n.f.) 5 (1)
disque (n.m.) 5 (6)
distribuer (v.) 9 (1)
divorce (n.m.) 8 (3)
docteur (n.m.) 11 (3)
documentaire (n.m.) 10 (6)
documentation (n.f.) 5 (6)
doigt (n.m.) 11 (3)
dommage (n.m.) 12 (2)
donc (conj.) 5 (3)
donner (v.) 7 (2)
dormir (v.) 4 (5)
dos (n.m.) 11 (3)
douane (n.f.) 12 (3)
douche (n.f.) 4 (3)
douleur (n.f.) 11 (3)
doute (n.m.) 12 (5)
droit (adj.) 4 (1)
droite (n.f.) 4 (1)

E

eau (n.f.) 6 (4)
école (n.f.) 4 (5)
écologiste (n.f.m.) 12 (5)
écouter (v.) 1 (6)
écran (n.m.) 9 (2)
écrivain (n.m.) 12 (5)
éditeur (n.m.) 12 (5)
édition (n.f.) 12 (5)
éducation (n.f.) 5 (3)
égalité (n.f.) 11 (5)
église (n.f.) 3 (1)
égoïste (adj.) 7 (3)
électronique (adj.) 5 (6)
élégante (adj.) 10 (3)
éléphant (n.m.) 12 (1)
élève (n.m.f.) 5 (3)
élection (n.f.) 8 (4)
embarquer (v.) 12 (3)
embrasser (v.) 7 (5)
émission (n.f.) 10 (6)
emmener (v.) 10 (4)
employer (v.) 9 (1)
emporter (v.) 10 (4)
encore (adv.) 6 (6)
enfant (n.m.f.) 1 (4)
enfin (adv.) 3 (2)
ennuyeux (adj.) 2 (4)
enregistrer (v.) 12 (3)
ensemble (adv.) 5 (1)
ensuite (adv.) 9 (4)

127

p.3hg : Gamma / Benainous-Duclos ; p.3hmg : Gamma / R. Galella ; p.3hmd : Gamma / Saola / J. M. Marion ; p.3hd : Gamma / FSP ; p.3bg : Scope / P. Gould ; p.3bmg : Hoa Qui / A. Wolf ; p.3bmd : Hoa Qui / A. Wolf ; p.3bd : Explorer / E. Poupinet ; p.7g : Collection Christophe L ; p.7m : Avec l'aimable autorisation de Daft Tracks ; p.7d : Editions de Minuit ; p.38 g : © Mode Images Limited / Alamy / Photo12.com ; p.38 : m © Pascal Bouclier / Photononstop ; p.38 d : © Jeffrey Coolidge / Ionica / Getty Images ; p.58hg : Gamma / Schnerb ; p.58hm : Gamma / Bassignac ; p.58hd : Gamma / N. Quidu ; p.58bg : Stone / David Roth ; p.58bmg : Image Bank / Romilly Lockyer ; p.58bmd : AFP / Jack Guez ; p.58bdh : Stone / Sara Gray ; p.58bdg : Scope / P. Guy ; p.75hg : Corbis-Bettmann ; p.75hd : Corbis / Bettmann ; p.75mg : Gamma / Daniel Simon ; p.75md : Scope / Philippe Blondel ; p.75bg : Roger-Viollet ; p.75bd : Explorer / A. Autenzio ; p.79 : © Gilles Rolle / REA ; p.81 g : © Philippe Fournier / Francedias.com ; p.81 m : © Alain Pellorce / Francedias.com ; p.81 d : © Philippe Fournier / Francedias.com ; p.85g : Collection Christophe L ; p.93h, bg : Urba Images / F. Achdou ; p.93d : Urba Images / M. Castro ; p.98 : Scope / Chris Cheadle ; p.115md : Pix/Ulf Sjostedt ; p.121 g : © Richard Damoret / REA ; p.121 m : © Aucouturier / Andia ; p.121 d : © Richard Damoret / REA.

Direction éditoriale : Michèle Grandmangin
Edition : CL / Virginie Poitrasson
Maquette intérieure : Marie Linard / CGI
Couverture : Laurence Durandau
Iconographie : Valérie Delchambre
Illustrations : René Cannella

© CLE International/SEJER - N° d'éditeur : 10139911 - CGI - Janvier 2007
Imprimé en Italie par G. Canale